AF619710

ÉTUDES

SUR LA

VENTILATION

PAR

M. LE GÉNÉRAL MORIN.

(Extrait des *Annales du Conservatoire impérial des Arts et Métiers*. Avril 1861.)

PARIS
IMPRIMERIE DE P.-A. BOURDIER ET Cie
30, RUE MAZARINE

1861

ÉTUDES SUR LA VENTILATION.

1. A un moment où l'administration s'occupe avec une sollicitude que l'on ne saurait trop louer d'assainir et d'améliorer les établissements publics, les lieux de grandes réunions, les hôpitaux, les prisons, les salles de spectacles, toutes les questions qui se rattachent directement ou indirectement au difficile et complexe problème de la ventilation ont un tel intérêt, qu'il m'a semblé utile de me livrer à des recherches qui en embrassent une partie. Mais de semblables travaux, longs, minutieux, variés et parfois délicats, exigent beaucoup de temps, un personnel exercé, des instruments divers et ne peuvent être accomplis que successivement. Un long intervalle pourrait s'écouler avant qu'ils fussent terminés et qu'il devînt possible de les réunir et de les coordonner pour en faire l'objet d'un travail complet.

Il m'a donc paru utile, dès à présent, de scinder les résultats obtenus et de les faire connaître successivement, par parties détachées, sous le titre d'*Études sur la ventilation*. C'est ce que je me propose de faire, en portant à la connaissance des lecteurs des *Annales du Conservatoire des arts et métiers* les résultats auxquels je serai parvenu.

Les questions que je traiterai se présenteront donc, non pas dans l'ordre qu'une étude méthodique indiquerait, mais au fur et à mesure qu'un ensemble de résultats obtenus permettra d'établir quelques conclusions utiles au progrès de l'art et de la science.

L'une des questions les plus graves et les plus controversées que soulève le problème général de la ventilation est celle de savoir si, pour produire l'introduction et l'évacuation de l'air dans des lieux habités, il convient de se contenter d'utiliser, le plus directement possible, les effets de dilatation et d'aspiration que produit la chaleur, ou d'ajouter à cette action celle de ventilateurs plus ou moins puissants. Quoique dans les mines, dans les usines, l'on emploie depuis longtemps des ventilateurs aspirants et qu'il ait été indiqué, par divers auteurs, et essayé quelquefois de les appliquer aussi à la ventilation des lieux habités, l'on s'est presque exclusivement, dans ces dernières années, occupé de l'usage de la ventilation par refoulement, et la question spéciale qui divise aujourd'hui le plus les ingénieurs est celle-ci :

La ventilation par le moyen de ventilateurs insufflants, aidés de l'action de la chaleur, est-elle préférable et supérieure, quant aux effets, et avantageuse sous le rapport de l'économie, à la ventilation par aspiration uniquement due à l'action de la chaleur convenablement employée ?

En un mot, y a-t-il lieu de joindre aux effets que l'on peut obtenir de la chaleur ceux d'appareils mécaniques plus ou moins énergiques ?

Je ne dissimulerai pas que, pour la solution d'un problème où la chaleur est toujours l'agent qui produit le résultat, il m'a toujours paru évident, *a priori*, que s'il y avait moyen d'atteindre en l'employant le but désiré, le procédé le plus simple et le plus direct devait être le meilleur.

Mais, dans l'étude des questions de physique et de mécanique appliquées, il faut souvent se méfier des raisonnements, et l'on ne saurait trop s'attacher à consulter l'expérience et à se mettre en garde contre des idées préconçues, si fondées qu'elles nous puissent paraître en raison.

Aussi lorsqu'en 1852 M. le ministre de l'intérieur me fit l'honneur de me consulter sur le choix à faire pour l'hôpital Lariboisière, alors appelé l'hôpital du Nord, entre deux systèmes, dont l'un procédait par insufflation et l'autre par aspiration, je n'hésitai pas à lui adresser un rapport[1] qui concluait en ces termes :

« Je conclus donc à ce que les appareils de M. Léon Duvoir-« Leblanc soient adoptés pour trois des bâtiments de l'hôpital « du Nord, et ceux de MM. Farcot, Grouvelle, Thomas et Lau-« rens pour les trois autres. »

Cet avis prévalut et il fut décidé que trois des pavillons de l'hôpital Lariboisière seraient chauffés par circulation de vapeur dans des poêles contenant de l'eau et ventilés à l'aide de ventilateurs insufflants, et que les trois autres seraient chauffés par la circulation de l'eau dans des poêles ou récipients et ventilés par aspiration.

Mais une commission, dont la création avait été demandée en

[1] Voir ce rapport à la suite de cette note.

même temps, et qui devait suivre attentivement et avec persévérance les résultats fournis par ces deux systèmes, ne fut pas constituée et la question si importante de la préférence à accorder à l'un des deux ne fut pas résolue.

Depuis cette époque, d'autres dispositifs ont été proposés et appliqués; les uns procédant par aspiration, les autres à l'aide de moyens mécaniques. Je n'ai pu les étudier tous; mais parmi ces derniers, il en est un sur lequel j'ai été appelé à faire des expériences et à donner mon opinion : c'est celui qui a été établi dans un pavillon à l'hôpital Beaujon, à l'hôpital Necker et plus récemment à l'asile impérial du Vésinet. Avec le concours de M. Tresca, sous-directeur du Conservatoire, j'ai exécuté dans ce dernier établissement une nombreuse série d'expériences, qui, jointes à celles que j'ai fait faire à l'hôpital Lariboisière sur les effets de l'insufflation, peuvent, je pense, servir à établir une conclusion nette de la question.

Les faits étant en pareille matière la plus sûre des démonstrations, je vais faire connaître dans leur entier les résultats de nos observations.

2. Hopital Lariboisière. *Expériences comparatives sur l'influence des effets de la chaleur et de l'aspiration et de ceux du ventilateur insufflant sur la ventilation du pavillon n° 4. Système Farcot.*

L'on sait que dans les pavillons de cet hôpital, où l'on a établi le système Farcot, le chauffage des salles est produit par la circulation de la vapeur dans des poêles qui contiennent de l'eau, et que cette vapeur condensée retourne ensuite aux chaudières. La ventilation est opérée à l'aide d'un ventilateur à palettes planes, placé dans les caves, qui aspire une partie de l'air qu'il doit fournir par une haute cheminée établie dans le clocher de la chapelle. Cet air est refoulé dans une longue conduite appelée artère principale, d'où, par des branchements horizontaux perpendiculaires à la direction de cette artère, il arrive sous chaque pavillon et de là s'élève dans des conduits verticaux, qui sont, à chaque étage, en communication avec des carneaux horizontaux établis dans l'axe et sous le plancher de chaque salle. Ces carneaux amènent l'air sous les quatre poêles de chaque salle, qui offrent à la circulation 12 tuyaux verticaux ayant ensemble une section de passage de $0^{mq},146$.

L'extraction de l'air de la salle se fait par 19 cheminées verticales, ménagées dans l'épaisseur des trumeaux, pour chaque étage, et toutes ces cheminées débouchent dans le grenier, sous le toit, dans deux conduits collecteurs horizontaux, placés dans l'angle formé par les longs pans du toit avec ce plancher.

Ces conduits se réunissent au centre de chaque pavillon pour déboucher dans une cheminée unique en zinc, sans revêtement intérieur en maçonnerie et de $2^m,20$ seulement de hauteur au-dessus du toit.

L'on voit par cette description succincte que la ventilation a lieu habituellement dans ce pavillon par l'action simultanée du ventilateur et de l'aspiration due à l'excès de la température des conduits d'évacuation et de la cheminée, et que si l'on arrêtait le ventilateur, elle devait être due uniquement à la différence des températures et des densités de l'air.

Il était donc facile, en observant successivement les volumes d'air écoulés par la cheminée générale d'évacuation, quand le ventilateur fonctionnait ou quand il était arrêté, de reconnaître la part proportionnelle des deux causes dans l'effet général ; c'est ce qui a été fait à sept reprises différentes, ainsi qu'il suit.

3. *Mode d'expérimentation et résultats des expériences.*

L'on a commencé par observer les volumes d'air qui passaient dans la cheminée générale d'évacuation, quand le ventilateur fonctionnait seul, à la manière ordinaire, en laissant le chauffeur régler la vitesse de la machine comme il l'entendait. Puis l'on a répété les mêmes observations après avoir fait arrêter la machine, et lorsqu'un intervalle de temps suffisant s'était écoulé pour que le mouvement de l'air fût arrivé à l'état de régime.

Les résultats de ces observations sont réunis dans le tableau suivant, qui contient ceux de sept expériences comparatives exécutées, comme nous venons de le dire, dans le but de connaître la part proportionnelle du ventilateur dans le volume d'air total évacué par la cheminée générale.

La 3e colonne indique la vitesse moyenne de l'air à son passage par la section où était placé l'anémomètre et qui avait $1^{mc},207$ de superficie.

Tableau récapitulatif des résultats des expériences sur l'influence du ventilateur de l'hôpital Lariboisière sur la ventilation générale du pavillon n° 3.

DATES	CIRCONSTANCES de l'expérience.	VITESSE de l'air en 1".	VOLUME d'air écoulé en 1".	VOLUME d'air écoulé en 1 heure.	DIFFÉRENCE de volume dû au ventilat.	PART proportionnelle dans l'effet total.		TEMPÉRATURES			VOLUME d'air de ventilation générale par heure et par lit avec le ventilateur.
						Ventilateur	Ventilation due à la chaleur.	extérieure.	dans la cheminée.	dans les salles.	
		m.	mc.	mc.	mc.						mc.
13 déc. (*)	avec le ventilateur à 70 tours.	C 1,20 R 1,29	1,531	5512	732	0,133	0,867	+ 6°	13°	18 à 20°	52,00
	sans ventilateur	C 1,19 R 1,07	1,328	4780							
15 déc.	avec le ventilateur à 72 tours.	C 1,33 R 1,25	1,534	5522	687	0,124	0,876	+ 3 à 4	12	18 à 20	52,09
	sans ventilateur	C 1,18 R 1,09	1,343	4835							
10 janv. (**)	avec le ventilateur à 74 tours.	1,56	1,882	6768	1216	0,178	0,822	— 3	9	19	63,85
	sans ventilateur	1,28	1,545	5552							
	avec le ventilateur à 74 tours	1,49	1,798	6473	1440	0,220	0,780	— 3	9	19	60,94
	sans ventilateur	1,16	1,400	5040							
12 janv.	avec le ventil. à 78 tours en 1'.	1,61	1,943	6994	1126	0,161	0,839	— 3	10	19	65,88
	sans ventilateur.	1,35	1,629	5863					9		
14 janv (***)	avec le ventilateur à 60 tours.	1,42	1,714	6170	651	0,106	0,894	— 2	10	19	58,45
	sans ventilateur.	1,27	1,532	5519							
	avec le ventilateur à 68 tours.	1,45	1,750	6300	781	0,124	0,876	— 2	9	En présence de la commission.	59,43
	sans ventilateur	1,27	1,533	5519							
	Moyenne générale.					6,449	0,851				58,90

NOTA. — Les nombres de tours indiqués sont ceux de la machine à vapeur. Le ventilateur marchait quatre fois plus vite.

(*) Dans les expériences du 13 et du 15 décembre, pour s'assurer si l'on pouvait se contenter de mesurer la vitesse de l'air au centre de la cheminée ou s'il fallait l'observer en plusieurs points pour en déduire une valeur moyenne d'une exactitude suffisante, on a fait des observations successives au centre et à une distance de la paroi égale à un quart du rayon. Les résultats particuliers de ces observations sont indiqués à la colonne des vitesses par les lettres C et R. Leurs faibles différences ont montré qu'il suffisait de déterminer la vitesse au milieu de la section, et c'est ce que l'on a fait pour toutes les autres expériences.

(**) Expérience faite avec le concours de M. Trélat, professeur de constructions civiles au Conservatoire des arts et métiers.

(***) Expérience répétée en présence de la commission chargée d'examiner les projets de chauffage et de ventilation présentés pour les nouveaux théâtres de la place du Châtelet.

La 4e et la 5e colonne contiennent les volumes d'air écoulés par seconde et par heure.

La 6e donne l'excès de la ventilation générale obtenue avec le ventilateur sur la ventilation sans ventilateur.

La 7e indique la part proportionnelle du ventilateur dans la ventilation générale.

La 8e indique la part proportionnelle de la ventilation due à la chaleur seule ou de l'appel dans la ventilation générale.

Les 9e, 10e et 11e contiennent les températures observées à l'extérieur dans la cheminée et dans les salles.

Enfin la 12e colonne indique quel était, par suite des observations faites, le volume d'air moyen qui était évacué par la cheminée générale, par heure et par lit.

4. *Conséquences des résultats contenus dans le tableau précédent.*

L'ensemble des observations dont les résultats sont consignés dans le tableau précédent montre que l'effet de l'action du ventilateur agissant par insufflation est beaucoup moins considérable qu'on ne l'a supposé jusqu'à ce jour.

Les propagateurs de ce mode de ventilation avaient d'abord pensé que l'affluence forcée de l'air dans les salles aurait pour résultat d'y accroître la pression intérieure, pour assurer la sortie de l'air vicié et la ventilation générale. Mais des expériences ultérieures, faites par M. Grassi, pharmacien, ayant montré que dans aucun cas, et même en bouchant aussi bien que possible les cheminées d'évacuation, tout en continuant de faire fonctionner le ventilateur, la pression intérieure des salles restait toujours inférieure à la pression extérieure de l'air, et d'une autre part les rentrées naturelles d'air froid qui se font par toutes les portes et par les fenêtres indiquant un résultat analogue, il avait bien fallu admettre que le ventilateur ne produisait dans les salles aucun excès de la pression intérieure sur la pression extérieure.

Il était donc évident que l'évacuation de l'air des salles par les cheminées n'était due, pour la plus grande partie, qu'à l'aspiration produite par les différences de température, et d'un autre côté, il n'était pas contestable que le ventilateur devait aussi y contribuer dans une certaine proportion. Mais il était difficile de penser que la part de cet appareil dans le produit total de la ventilation générale ne s'élevât en moyenne qu'à 0.149 soit 0.15, et restât même le plus souvent au-dessous de cette proportion.

Aussi n'ai-je pas été, en ce qui me concerne, médiocrement surpris de ce résultat, et me suis-je cru obligé de répéter l'expérience à plusieurs reprises et d'en faire constater les résultats par la commission chargée d'examiner les projets présentés pour le chauffage et la ventilation des nouveaux théâtres, en présence de laquelle ils ont donné des résultats encore inférieurs à la moyenne générale.

Il est important de remarquer, comme on l'a déjà indiqué plus haut, que la cheminée générale d'évacuation de ces pavillons est en zinc, sans aucune garniture intérieure qui s'oppose à son refroidissement, de sorte que l'air des salles y perdait une portion notable de sa chaleur, augmentait de densité et de poids, et que les expériences précédentes ayant été faites par un temps assez froid, l'action de la ventilation naturelle a été très-notablement diminuée par ces circonstances défavorables. Si, au contraire, la cheminée avait été plus élevée et préservée contre les refroidissements par une chemise intérieure en maçonnerie, l'air s'y serait beaucoup moins refroidi ; si, de plus, ce qui était et ce qui est encore facile aujourd'hui, la cheminée contenait un récipient d'eau chauffée par circulation de vapeur, comme les poêles, la température de l'air affluent des salles se serait élevée dans cette cheminée, et l'aspiration aurait acquis plus de puissance.

Il est donc permis de conclure des expériences précédentes que rien ne serait plus facile que d'accroître, à très-peu de frais, l'action de l'aspiration par rapport à celle du ventilateur.

Il y a de plus lieu d'ajouter que dans les expériences précédentes, lorsque le ventilateur était arrêté, l'air extérieur, pour arriver aux poêles, descendait encore, comme dans le cas où le ventilateur fonctionnait, par la cheminée du bâtiment de l'horloge, traversait le ventilateur arrêté et parcourait tous les conduits qu'avait nécessités l'appareil mécanique, tandis que si l'on renonçait à ces organes, l'on serait naturellement conduit à supprimer toute cette circulation et à amener directement l'air aux poêles de chauffage par des prises faites dans les faces du bâtiment à chaque étage et indépendantes les unes des autres. Par ces dispositions, toutes les résistances au mouvement de l'air affluent, les pertes de force vive qu'il éprouve dans les conditions actuelles seraient considérablement diminuées, et je ne doute guère que l'on n'obtînt une affluence d'air au moins aussi considérable que par le système compliqué et dispendieux qui existe aujourd'hui.

5. *Volume d'air total extrait des salles du pavillon n° 4 de l'hôpital Lariboisière.*

Les expériences dont on vient d'examiner les résultats au point de vue des effets comparatifs de la ventilation due aux différences de température et de l'effet des ventilateurs, nous fournissent aussi des conséquences intéressantes quant au volume d'air total qui sort des salles de ce pavillon.

La vitesse de la machine à vapeur n'a pas toujours été la même, et bien qu'elle doive être régulièrement fixée à 76 tours en 1', elle descend très-souvent au-dessous, et assez habituellement, pour économiser le combustible, on la réduit à 60 et quelques tours en 1' et parfois à moins encore.

C'est entre ces limites qu'ont été faites les observations précédentes, et, par les résultats qu'elles ont fournis, l'on voit que le volume d'air moyen, évacué par la cheminée générale, a été, par heure et par lit, de $58^{mc},90$; il s'est élevé à $65^{mc},88$ lorsque la machine marchait à 78 tours en une minute; mais à la vitesse de 70 tours, par un temps un peu mou, alors que la température extérieure était de 6° au-dessus de zéro, ce volume s'est abaissé à $52^{mc},00$ par heure et par lit.

L'on voit donc que si les appareils de ventilation par insufflation établis dans trois des pavillons de l'hôpital Lariboisière satisfont habituellement, comme cela n'est pas contestable, à la condition de renouveler l'air, à raison de 60 mètres d'air par heure et par lit, leur effet ne dépasse pas beaucoup ce chiffre dans le service courant.

6. *De l'influence du vent sur la ventilation générale dans ces pavillons.*

Les expériences dont il vient d'être question avaient été commencées le 8 décembre par un vent violent du sud-ouest, qui, ayant amené de la pluie, força de les interrompre; mais l'on avait déjà pu faire une première observation sur le volume d'air total évacué par la cheminée sous l'action simultanée de la ventilation naturelle et du ventilateur, alors que la machine fonctionnait à 80 tours en une minute.

Ces expériences avaient été faites en observant, comme il a été dit, la vitesse de l'air au centre de la cheminée, et à 0m,25 de ses parois. Nous en consignons les résultats partiels dans le tableau suivant, parce qu'ils montrent, une fois de plus, que l'on peut se contenter des observations faites au centre d'une cheminée.

Expériences faites le 8 *décembre* 1860 *au pavillon n° 4 de l'hôpital Lariboisière.*

NUMÉROS des expériences.	NOMBRE de tours de l'anémomètre.		VITESSE de l'air	VOLUME d'air passé par la section en 1''.		VOLUME d'air total écoulé		VOLUME d'air évacué par heure et par lit.
	en 1'	en 1''	en 1'.	A	B	en 1''.	en 1 h.	
			m.	mc.	mc	mc.	mc.	mc.
1 2	550 545 } B	9,12	0,95		0,287	1,175	4230	11,47
3 4	560 585 } A	9,54	0,98	0,888				

Section A = 0mq,905
Section B = 0 ,302
0mq,207

Formule de l'anémomètre : V = 0m,1392 + 0m,08852 N.

La température de l'air était de 11° à l'extérieur, de 14° dans la cheminée, et de 18 à 19° dans les salles.

Les expériences précédentes ayant montré que, dans des circonstances analogues de températures extérieure et intérieure et avec des vitesses notablement moindres de la machine, le volume d'air total évacué par la cheminée ne descendait pas au-dessous de 52 mètres cubes par heure et par lit, la faiblesse du résultat obtenu le 8 décembre ne peut être attribuée qu'à l'action du vent violent qui régnait ce jour-là, et qui, en s'introduisant sous le chapeau de la cheminée, contrariait considérablement l'action de la ventilation.

Un pareil effet ne se produirait pas, à beaucoup près, au même degré, sur une cheminée plus haute, moins sujette au refroidissement, et encore moins si elle était chauffée à l'intérieur. Ce qui montre l'avantage de cette dernière disposition — Peut-être même serait-il bon de surmonter ces cheminées, comme on le fait souvent pour les cheminées ordinaires, d'un chapeau tournant, d'une mître percée de trous, ou au moins d'un ajutage conique allongé, qui, quoique diminuant le volume d'air écoulé, augmenterait la vitesse, et donnerait plus de stabilité à l'écoulement.

7. *Influence du ventilateur sur le volume d'air fourni par les poêles.*

Après avoir déterminé l'influence que l'action du ventilateur pouvait exercer sur la ventilation générale, qui se compose de l'air entré par les poêles et de celui qui afflue par les portes et par les fenêtres, il était nécessaire de chercher à reconnaître l'influence directe que le ventilateur pouvait exercer sur le volume d'air fourni par les poêles, quoique, sous le rapport de l'introduction par aspiration, l'arrivée de l'air à ces poêles fût disposée de la manière la plus défavorable.

A cet effet, une expérience comparative a été faite le 11 janvier 1861 sur le poêle nº 2 de la salle du rez-de-chaussée, et sur le poêle nº 2 de la salle du deuxième étage du pavillon nº 4.

La première expérience a été exécutée avec un anémomètre dont la tare était :

$$V = 0^m,36 + 0,086\ N.$$

La deuxième avec l'anémomètre qui avait servi à toutes les expériences précédentes, et dont la tare est

$$V = 0^m,1391 + 0,08852\ N.$$

Les résultats de ces observations sont consignés dans le tableau suivant.

Il est bon de faire remarquer que, dans ces expériences, les couvercles des poêles avaient été enlevés, afin de faciliter autant que possible le passage de l'air, tandis que dans le service courant la présence des grilles et des couvercles réduit la section de passage de l'air dans le rapport de 1.00 à 0.653[1].

[1] Il résulte, en effet, des mesures prises avec beaucoup de soin par M. Trélat dans ses expériences sur ces appareils, que la somme des sections de passage des tubes étant estimée à $0^{mq},147,244$, celle des orifices carrés offerts par les grilles n'est que de $0^{mq},096,249$; donc le rapport à la précédente est 0,653.

Expériences de ventilation faites à l'hôpital Lariboisière le 11 janvier 1861, pavillon n° 4 (système Farcot).

(Chauffage Thomas.)

TOURS à l'anémomètre par seconde.	VITESSE de l'air.	VOLUME d'air écoulé par heure.	TEMPÉRATURES dans les salles.	à l'extérieur.	à l'anémomètre.	OBSERVATIONS.
La machine en marche 70 tours.						La section du tuyau dans les 2 séries d'expériences $= 0^{mq},147$
10,45	$1^m,06$	568^{mc}	19°	—5°	43°	
La machine arrêtée.						$V = 0^m,1392 + 0,08852N$
6,57	$0^m,72$	378^{mc}	19°	—5°	48°	
10 janvier 1847. La machine fait 74 tours.						
11,20	$1^m,32$	695^{mc}				
La machine arrêtée.						$V = 0^m,36 + 0,086\,n.$
4,75	$0^m,77$	407^{mc}				

8. *Examen des résultats contenus dans le tableau précédent.*

L'expérience faite sur le poêle n° 2 du rez-de-chaussée apprend que ce poêle, par l'effet de la ventilation due à la différence de température, sans le concours du ventilateur, fournissait le 10 janvier 407 mètres cubes, et qu'avec le ventilateur et la ventilation due à la chaleur il donnait 695 mètres cubes.

Le rapport $\frac{407}{695} = 0,59$ indique donc la part de l'appel dans le produit total, celui du ventilateur étant ainsi 0,41 du tout.

Le 11 janvier, l'expérience faite sur le poêle n° 2 du deuxième étage du même pavillon a donné pour le volume d'air fourni par ce poêle :

Par l'effet de la ventilation due à la chaleur seule. . . . . 378 mèt. cubes.
Avec le ventilateur et la ventilation due à la chaleur. . . . 568 —

Le rapport $\frac{378}{568} = 0,66$ montre que, dans ce cas, l'appel fournissait les 0,66 de l'effet total et le ventilateur les 0,34.

La moyenne de ces deux expériences conduit à conclure que, pour l'arrivée de l'air par les poêles, l'aspiration produite par la chaleur contribue à l'effet pour les 0,625, et le ventilateur pour 0,375.

Si l'on se rappelle ce que nous avons dit plus haut des dispositions tout à fait défavorables à la ventilation due à la chaleur dans ces pavillons, et nécessitées par l'emploi d'un ventilateur, tandis qu'elles auraient pu être bien plus avantageuses si l'on avait voulu faire arriver l'air par appel, et si l'on remarque que l'effet de ces dispositions pèse entièrement sur l'arrivée de l'air par les poêles, l'on sera sans doute disposé à admettre avec nous que la part proportionnelle de la ventilation due à la dilatation de l'air serait considérablement augmentée, et très-probablement d'un quart à un tiers, si les arrivées de l'air étaient directes, ce qui en élèverait l'effet à 0,80 au moins de l'effet total, appréciation qui ne s'éloigne pas beaucoup du résultat auquel les expériences directes sur la ventilation générale nous ont conduit.

9. *Expériences sur le volume d'air fourni par les poêles du pavillon n° 4 chauffé à la vapeur et ventilé par insufflation.*

Désirant constater avec le soin convenable les effets d'introduction d'air frais produits dans les pavillons chauffés à la vapeur et ventilés par insufflation, j'ai commencé par faire reconnaître l'influence qu'exerçait la présence du couvercle qui, placé sur les poêles, tend à occasionner une perte de vitesse et de force vive à l'arrivée de l'air, et par suite une diminution dans la ventilation.

A cet effet, l'on a successivement opéré sur le poêle n° 1 du premier étage, en enlevant et en replaçant le couvercle, et en se servant d'un tuyau qui, recouvrant tout le poêle, laissait à l'air un débouché de $0^{mq},147$, à très-peu près égal à la somme des aires de section des tubes, qui est de $0^{mq},146$, et dont les contours convenablement tracés n'occasionnaient aucune déviation brusque.

Les observations ont fourni les résultats suivants :

10. *Résultats des expériences faites le 18 janvier 1861 sur le poêle n° 1 du premier étage du pavillon n° 4.*

TOURS de l'anémomètre en 1''.	VITESSE moyenne de l'air.	VOLUME d'air introduit par heure.	TEMPÉRATURES extérieure.	TEMPÉRATURES dans la salle.	TEMPÉRATURES dans les tubes du poêle.	OBSERVATIONS.
Le couvercle étant sur le poêle.						Formule de l'anémomètre: $V=0,1392+0,08852N$.
10,01	m. 1,02	mc. 536	+ 1	18°	40°	La surface de passage de l'air par le tuyau est de $0^{mq},147$.
Le couvercle étant enlevé.						
12,87	1,28	678	+ 1	18°	45°,5	

Nota. — On a eu soin, pendant ces expériences, de veiller à ce que les portes fussent fermées.

Il résulte des chiffres consignés dans ce tableau que la présence du couvercle des poêles réduit le volume d'air qu'ils peuvent fournir dans le rapport d'environ 678 à 536 ou de 1 à 0,795.

Ce rapport pourrait sans doute varier notablement; mais, sans regarder sa détermination comme très-exacte, il est permis de conclure de l'expérience qui précède que les couvercles des poêles devraient être modifiés pour tirer des appareils tout le parti convenable.

Une comparaison des résultats des observations faites dans le tuyau unique d'expérimentation avec le couvercle enlevé, et de celles qui ont été faites séparément et successivement sur les douze tubes d'admission de l'air a montré, le même jour, que l'emploi de ce tuyau n'occasionnait aucune diminution dans le débit des poêles, par suite de l'égalité de surface de son débouché et de la somme des sections des tuyaux des poêles.

En effet, en observant la vitesse de l'air dans chacun des douze tubes, dont la somme des sections était de $0^{mq},146$, l'on a obtenu pour vitesse moyenne $1^{m},25$, et pour le volume d'air passé par heure 632 mètres cubes, tandis que l'observation faite avec le grand tuyau, le couvercle étant enlevé, a donné $1^{m},28$ pour vitesse moyenne et 678 mètres cubes pour le volume débité.

Expériences faites le 18 *janvier* 1861 *sur le volume d'air fourni par tous les poêles du pavillon n° 4.*

Après ces observations préliminaires, l'on a observé, le même jour et successivement sur les quatre poêles de chacune des salles des trois étages du même pavillon, les volumes d'air neuf qu'ils fournissaient, alors que la machine marchait à 68 tours en une minute. Les résultats de ces observations sont consignés dans le tableau suivant :

Expériences faites le 18 *janvier* 1861 *sur le volume d'air fourni par les poêles du pavillon n°* 4, *chauffé à la vapeur et ventilé par insufflation.*

SITUATION et numéros d'ordre des poêles à partir de l'entrée.		NOMBRE de tours de l'anémomètre en 1''.	VITESSE de l'air en 1''.	VOLUME d'air fourni par les poêles en 1 heure.	TEMPÉRATURES		
					extérieure.	dans les salles.	de l'air sortant des poêles.
			m.	mc.			
Rez-de-chaussée.	1	15,35	1,49	788	1°	19°,5	53°
	2	11,37	1,14	604			39
	3	10,97	1,11	577			41
	4	11,85	1,18	623			49
Total. . . .				2589			Moy. 44,5
Premier étage.	1	13,03	1,29	683	1°	19 ,5	30
	2	10,73	1,09	576			44
	3	10,38	1,05	549			37
	4	10,11	1,03	575			38
Total. . . .				2343			Moy. 37,2
Deuxième étage.	1	12,87	1,28	678	1°	18 ,0	40,5
	2	8,67	0,90	476			34,0
	3	7,21	0,77	407			38,0
	4	10,70	1,09	576			30,0
Total. . . .				2137			35,6
Total gén. pour le pavillon.				7069			Moy. 39,8

OBSERVATIONS. — Les couvercles de tous les poêles ont été enlevés pour ces expériences, tandis que dans le service courant les couvercles restant en place, la section libre de passage à travers les tuyaux est réduite par la présence de la grille dans le rapport de 1 à 0,653, comme on l'a vu au n° 7, et le volume écoulé dans un rapport très-notable (n° 10).

Formule de l'anémomètre : $V = 0^m,1392 + 0^m,08852\ N$.

La section transversale du tuyau dans laquelle l'anémomètre était placé est égale à $0^{mq},147$.

La machine marchait à 68 tours en 1' pendant la durée de toutes les expériences.

11. *Conséquences des résultats contenus dans le tableau précédent.*

Les résultats des observations qui précèdent prouvent que les poêles n° 1, qui sont les plus voisins des conduits d'arrivée de l'air, débitent des volumes qui excèdent ceux des poêles du milieu des salles de 0,27 et même de 0,41. Mais cette inégalité, qu'il serait assez difficile d'éviter, n'a pas d'inconvénient sérieux.

La ventilation est aussi plus énergique au rez-de-chaussée qu'au 1er étage et surtout qu'au second. La différence, qui est de 0,17 entre le rez-de-chaussée et le second étage, peut être attribuée en partie à l'influence de la hauteur des cheminées d'évacuation et en partie à la plus grande proximité de la machine. La température des poêles étant aussi plus grande au rez-de-chaussée qu'aux autres étages, il ne serait pas difficile de rétablir une plus égale répartition de l'air, mais les différences ne sont pas assez grandes pour constituer un inconvénient grave. Il y a lieu cependant de remarquer que, dans les expériences, comme dans le service habituel, la température des salles de ces pavillons est toujours trop élevée de 2 à 3 degrés au moins, ce qui, en favorisant l'action de l'appel, augmente le volume d'air introduit. Le volume d'air total fourni par les douze poêles des trois étages, quand ils étaient complétement découverts, s'élevant à 7069mc pour les 96 lits contenus dans ces salles, le volume d'air que ces poêles pouvaient introduire dans ces salles par heure et par lit s'élevait donc à 73mc,63, quantité supérieure aux conditions imposées aux constructeurs.

Mais l'on a vu que la présence habituelle des couvercles des poêles pouvait réduire ce volume d'air aux 0,795 de sa valeur, de sorte que dans le service ordinaire et avec les couvercles le volume d'air total aurait été réellement réduit à 0,795×7059 mèt. = 5619mc. 8, ou à 58mc,54 par heure et par lit, quantité encore suffisante et qui aurait évidemment été dépassée si la machine avait marché à plus de 68 tours en 1'. Il est d'ailleurs bon de remarquer que ce dernier chiffre s'accorde exactement avec le résultat moyen des observations faites sur la cheminée d'évacuation rapporté au n° 3.

12. *Observation faite le 18 janvier 1864 sur le volume d'air total évacué par la cheminée générale du même pavillon.*

Immédiatement après les expériences dont on vient de parler, l'on a observé le volume d'air qui sortait de la cheminée générale d'évacuation, tous les poêles ayant encore leur couvercle. L'expérience a donné les résultats suivants :

NOMBRE de tours de l'anémomètre en 1".	VITESSES de l'air en 1".	VOLUME d'air écoulé par heure.	TEMPÉRATURES			OBSERVATIONS.
			extérieure.	dans les salles.	dans la cheminée.	
	m.	m. c.				
11,90	1,19	5170	4°	19° 5	11°	

Ce volume d'air de 5170^{mc} est un peu inférieur à celui qui se serait écoulé par les poêles munis de leurs couvercles et qui, d'après les expériences précédentes, devait être d'environ 5619^{mc}. 8; mais il faut remarquer que ce jour-là le vent avait tourné au sud-ouest, et nous avons vu au n° 6 que l'influence d'un vent violent pouvait diminuer dans une proportion énorme le volume d'air que cette cheminée, trop basse et facile à refroidir, pouvait débiter et l'abaissait même à 4230^{mc} par heure, tandis que dans les mêmes conditions de température intérieure et extérieure et à la même vitesse du ventilateur par un temps calme, le volume d'air écoulé peut être beaucoup plus considérable.

13. *Influence du mode de construction de la cheminée.*

Nous avons déjà fait remarquer que la construction de la cheminée générale d'évacuation de l'air établie en zinc, sans chemise intérieure en maçonnerie, avait pour résultat fâcheux d'occasionner un refroidissement considérable de l'air, qui venait des salles, et l'on a pu voir par l'examen des tableaux précédents que le refroidissement de cet air qui, dans les salles, est habituellement à 19°, pouvait être de 8 à 10°, ce qui contrariait et diminuait beaucoup l'évacuation. Cet abaissement de température, en rendant plus grande la densité de l'air qui passe dans la cheminée, crée à son échappement une résistance qui favorise sa sortie par les portes toutes les fois qu'on les ouvre, ce qui est continuel; cette cheminée, où la température est habituellement plus basse que dans les salles, n'exerce donc par elle-même aucune action d'appel qui s'ajoute à celle que produit la température des salles, et il n'est pas étonnant que dans ce dispositif les volumes d'air évacués par la cheminée générale ne soient presque jamais supérieurs et se trouvent, au contraire, très-souvent inférieurs à ceux qui sont introduits par les poêles.

L'égalité approximative de ces deux volumes qui, sauf les circonstances accidentelles, s'observe ordinairement, ainsi que l'ont aussi constaté d'autres expérimentateurs, se trouve donc complétement expliquée et justifiée par ces réflexions.

14. *Influence de la vitesse du ventilateur.*

Les expériences dont les résultats sont consignés au tableau du n° 10 ne sont relatives qu'au cas où la machine marchait à 62 tours, ce qui est à la vérité sa vitesse à peu près normale, en service courant; mais il était bon de reconnaître dans quelle proportion le volume d'air qui débouche des poêles croît avec la vitesse du ventilateur; car, s'il est à peu près vrai que dans des limites assez étendues le volume d'air que fournissent les appareils de ce genre, quand cet air débouche librement dans des tuyaux complétement ouverts, est proportionnel à leur vitesse, il n'était pas probable qu'il en pût être de même, dans le cas actuel, du volume d'air sortant par les poêles.

A cet effet des expériences directes ont été exécutées sur le poêle n° 3 du premier étage du pavillon n° 4, en faisant fonctionner la machine à des vitesses très-différentes. Les résultats sont consignés dans le tableau suivant :

Expériences faites le 16 février 1861 sur le poêle n° 3 du 1er étage du pavillon n° 4 de l'hôpital Lariboisière.

NOMBRE de tours de la machine en 1'.	NOMBRE DE TOURS de l'anémomètre		VITESSE de l'air en 1''.	VOLUME d'air écoulé par heure	TEMPÉRATURES		
	en 1'.	en 1''.			exté-rieure.	de l'air affluent.	des salles.
			m.	m. c.			
48	640	10,17	1,04	550	11°	13°	21°
60	707	11,78	1,18	624	11	13	21
74	751	12,51	1,25	661	11	14	21
84	833	13,88	1,37	724	11	14	21

OBSERVATIONS. — Section du débouché du tuyau placé sur le poêle, dont le couvercle était enlevé, 0mq.147. On rappelle que le nombre de tours du ventilateur est quadruple de celui de la machine.

En représentant graphiquement ces résultats, en prenant les nombres de tours pour abscisses et les volumes d'air fournis par le poêle pour ordonnées, l'on reconnaît que les points, ainsi déterminés, sont, dans l'étendue des expériences, situés sur une ligne droite, qui, prolongée, ne passerait pas l'origine des coordonnées, et qui montre qu'en poussant la vitesse de la machine à 68 tours au lieu de 58, le volume d'air fourni par le poêle se serait accru dans le rapport de 620 à 645 ou de 1 à 1.04, et qu'en allant à 90 tours au lieu de 68, le volume d'air fourni par le poêle se serait accru dans le rapport de 750 à 650, ou de 1 à 1.154 seulement.

La même proportion devant à très-peu près s'établir pour tous les poêles, l'on voit que si à 68 tours de la machine le volume d'air fourni était, sans les couvercles, de 73^{mc},63 par heure et par lit, et avec les couvercles de 58^{mc},54, il aurait été à la vitesse de 76 tours sans les couvercles de 77^{mc},61 par heure et par lit, avec les couvercles de 61^{mc},70 par heure et par lit, et à celle de 90 tours :

Sans les couvercles, de. . . . 85^{mc},00 par heure et par lit.
Avec les couvercles, de. . . 67^{mc},55 —

Cette faible influence de l'accroissement de la vitesse du ventilateur sur le volume d'air introduit par les poêles n'a d'ailleurs rien qui doive surprendre, puisque nous avons vu par les expériences relatées au n° 3 que cet appareil ne produit en moyenne que 0.15 de l'effet total de la ventilation, et que 0.375 de l'effet d'introduction de l'air neuf par les poêles. Ce n'est donc que sur ces fractions de l'effet total que l'accroissement de vitesse de l'appareil pourrait agir.

15. *Accord des résultats précédents avec ceux des autres expérimentateurs.*

Il n'est pas inutile de faire remarquer que les résultats des expériences qui viennent d'être rapportées sont, à très-peu près, d'accord avec ceux qui ont été obtenus par d'autres expérimentateurs et que j'ai résumés dans le rapport sur les projets de chauffage et de ventilation des bâtiments du palais de justice, imprimé par ordre de la préfecture de la Seine.

En effet, l'on peut voir dans ce rapport qu'en ramenant tous les résultats à la vitesse de 76 tours de la machine, les volumes d'air introduits dans la salle par les poêles ont été trouvés, quand les couvercles des poêles étaient enlevés, par

M. Grassi, égaux à	60^{mc},09	par lit et par heure.
M. Trélat.	73 ,70	
M. Thomas.	75 ,20	
Moyenne générale. . . .	70^{mc},00	par heure et par lit.

Tandis qu'à la vitesse de 68 tours seulement nous avons trouvé un volume de 73^{mc},63.

Il en est de même pour les volumes d'air écoulés par les cheminées générales d'évacuation, lesquels ont été trouvés

Par M. Grassi, égaux à	76^{mc},4	par heure et par lit.
Par M. Trélat	68 ,5	
Moyenne.	72^{mc},45	par heure et par lit.

Les résultats qu'indiquent nos expériences n'ont donc rien qui ne s'accorde avec ceux des autres expérimentateurs, mais ils mettent en évidence des circonstances sur lesquelles leur attention ne nous paraît pas s'être suffisamment attachée, et au premier rang desquelles se place l'influence relative des effets directs et naturels de la chaleur, ce qui les a conduits à attribuer trop exclusivement les effets obtenus à l'action des appareils mécaniques.

16. *Ventilation d'été.*

Les expériences précédentes, non plus que celles des autres observateurs qui se sont occupés de cet hôpital, ne nous apprennent rien sur la ventilation d'été dans les pavillons ventilés par insufflation. C'est une lacune fâcheuse que nous chercherons à combler lorsque la saison des chaleurs permettra de faire sur cette partie importante de la question des expériences concluantes. Nous croyons, en attendant, devoir nous abstenir.

17. *Conclusions générales.*

En résumé, les expériences dont nous venons de rapporter les résultats prouvent :

1° Que dans les pavillons de l'hôpital Lariboisière, où l'on a employé des ventilateurs insufflants, la ventilation générale ou le volume d'air évacué par la cheminée d'évacuation de l'air vicié pendant l'hiver est, dans l'état actuel, due pour les 0.85 à l'aspiration produite par l'échauffement de l'air qui arrive dans les salles à travers les poêles, et que le ventilateur n'y contribue que pour les 0.15 ;

2° Que pour l'affluence de l'air nouveau par les poêles, l'aspiration produit environ les 0.625, et le ventilateur les 0.375 du volume admis ;

3° Que par des dispositions plus avantageuses aux effets de

l'aspiration, l'on pourrait augmenter notablement ces effets et se passer de l'usage d'appareils mécaniques ;

4° Que la cheminée d'évacuation devrait être garnie d'une cheminée intérieure en maçonnerie et recevoir un appareil de chauffage pour empêcher, pendant l'hiver, le refroidissement de l'air et y produire l'été un appel qui suppléerait à l'action du ventilateur; que de plus cette cheminée devrait être exhaussée autant qu'il serait possible pour assurer la stabilité de son tirage;

5° Que l'accroissement de vitesse du ventilateur au delà de sa vitesse normale, et dans les limites de 60 à 90 tours de la machine, ne peut augmenter que dans une assez faible proportion le volume d'air neuf introduit dans les salles.

Toutes ces conclusions confirment et dépassent même celles qui avaient été formulées dans le rapport relatif aux bâtiments des salles d'assises, et qui avaient été déduites de la discussion des résultats d'expériences faites par d'autres observateurs [1].

[1] *Rapport sur les projets présentés pour le chauffage et la ventilation de l'hôpital du Nord* (*mai* 1852).

Monsieur le ministre,

Les projets de chauffage et de ventilation proposés pour l'hôpital du Nord, sur lesquels vous m'avez fait l'honneur de me demander mon opinion, ont été examinés avec le plus grand soin par une commission présidée par M. Regnault, et qui comptait dans son sein M. Pelouze et d'autres personnes très-compétentes pour juger de semblables questions.

Il m'est bien difficile, dans le peu de temps dont je puis disposer, et au moment de partir pour une mission que me donne M. le ministre de la guerre, d'approfondir assez l'étude de ces projets pour pouvoir émettre une opinion personnelle, surtout si elle devait être différente de celle de mon savant confrère M. Regnault.

Je tâcherai cependant de vous faire connaître les doutes qui se sont élevés dans mon esprit après la lecture des pièces qui m'ont été communiquées, et je crois pouvoir le faire d'autant mieux que les principaux ne portent pas sur les qualités ou les défauts des systèmes présentés, mais sur le fond même des questions et sur la manière d'assurer le service de ce vaste hôpital.

Il s'agit, dans ces projets, de chauffer et de ventiler à la fois les salles occupées par les malades. La commission a distingué avec raison les projets où la ventilation doit être produite directement par les appareils de chauffage proprement dits de ceux où elle doit être déterminée, soit par un chauffage spécial, soit par des moyens mécaniques.

En présence des inégalités qu'ont souvent présentées dans leur marche les dispositifs, tels que ceux de M. Léon Duvoir, qui ventilent par appel direct produit par les appareils de chauffage, elle s'est prononcée en faveur du système de ventilation indépendante.

Dans ce dernier mode, deux projets lui étaient présentés : l'un par M. Grouvelle, qui se propose de produire la ventilation par aspiration au moyen d'un fourneau spécial d'appel; l'autre, par M. Farcot, qui emploie des ventilateurs destinés à insuffler ou à refouler de l'air dans les salles.

Elle a donné la préférence à ce dernier projet, qui lui paraît assurer la régularité de la ventilation, indépendamment de toute variation de température et de la plus ou moins grande exactitude que les chauffeurs apporteraient à leur service.

Je ne puis que reconnaître la sagesse de ces motifs : mais, avant d'aller plus loin, je crois devoir appeler votre attention sur les bases mêmes qui ont été admises dans le programme du concours. La condition posée aux concurrents était d'assurer :

1° Une ventilation continue d'air chaud pendant l'hiver et d'air froid pendant la saison chaude à raison d'au moins 20 mètres cubes par lit et par heure dans les salles de malades; et 2° une ventilation, pendant le jour seulement, dans les chauffoirs à raison de 10 mètres cubes par lit du pavillon correspondant.

J'ai été étonné, je l'avoue, de l'exiguïté des quantités d'air à renouveler qui ont été ainsi demandées pour un aussi vaste hôpital, destiné à servir de modèle à l'amélioration si désirable de tous les autres. Des expériences qui avaient une précision suffisante, et que j'ai faites en 1847 à l'hôpital Beaujon, ont montré que, dans le pavillon Clémentine, les appareils de chauffage et de ventilation simultanés produisaient, par lit et par heure, une aspiration d'environ :

66^{mc} au rez-de-chaussée,
60 6 au premier étage,
42 » au deuxième étage.

Cette ventilation abondante a produit sur l'état hygiénique du pavillon les résultats les plus favorables, et cependant elle n'est pas encore suffisante pour enlever toute mauvaise odeur, lorsqu'il y a des blessures et des opérations graves.

Il me semble donc résulter de ces faits que le minimum du volume d'air à enlever aurait dû être fixé à *soixante* mètres cubes, par lit et par heure, dans les salles, et à *vingt* mètres cubes, par lit et par heure, dans les promenoirs, ce qui est plus que double de la quantité demandée au programme.

Il serait regrettable qu'au moment où l'administration municipale de Paris va réaliser un perfectionnement si désirable dans le service des hôpitaux, il ne fût introduit que d'une manière incomplète et avec une parcimonie aussi fâcheuse.

Il résulterait certainement de l'augmentation de la ventilation un accroissement de dépense ; mais, outre qu'il ne serait pas proportionnel au volume d'air, il faut songer qu'il ne s'agit pas ici d'une question d'argent, mais bien d'une question d'humanité ; et, d'ailleurs, la plus grande rapidité des guérisons, la diminution de la durée du séjour dans les hôpitaux, la moindre gravité des maladies ne tarderaient pas à fournir, au point de vue financier seulement, une ample compensation à cet accroissement des dépenses.

Je crois donc, monsieur le ministre, abstraction faite de toute considération des différents systèmes proposés, devoir vous prier d'exiger que le minimum des volumes d'air expulsé par lit des salles de malades soit fixé à 60 mètres cubes, et pour les promenoirs à 20 mètres cubes, avec obligation de doubler cette quantité dès que l'administration en reconnaîtrait la convenance ou la nécessité, sans que la dépense excédât, dans une proportion donnée (20 p. °/₀ par exemple), la dépense normale.

Quant aux systèmes eux-mêmes, je reconnais avec la commission municipale qu'il convient d'assurer le service de la ventilation indépendamment de celui du chauffage : mais s'ensuit-il qu'il y ait lieu de préférer la ventilation mécanique à la ventilation par la chaleur, et, dans ce dernier cas, que la ventilation mécanique par pulsion ou refoulement de l'air dans des conduites de plusieurs centaines de mètres de développement soit préférable à la ventilation mécanique par appel ? Je l'ignore complétement, et, en l'absence de documents authentiques et comparables au cas présent, je ne puis m'empêcher d'avoir des doutes sérieux.

Je crains surtout que, la pression produite par le ventilateur allant sans cesse en décroissant depuis l'origine des conduites et du premier pavillon au dernier, il n'y ait dans la ventilation une très-grande irrégularité malgré les dispositions prises pour l'éviter.

Faut-il, en outre, malgré l'avantage que présente un seul appareil de chauffage et de ventilation, courir les risques de voir, par un simple dérangement de cet appareil double en partie, le service de tout l'hôpital interrompu ? Je vous avoue que je ne le crois pas.

Enfin, en présence d'un système, celui de M. Léon Duvoir, qui fonctionne convenablement, qui a pour lui la sanction de grands et nombreux succès, qui le premier a satisfait aux conditions d'une abondante ventilation au moyen de laquelle depuis cinq ans bientôt les déplorables accidents qui se produisent si souvent dans les autres hôpitaux et dans les autres pavillons de l'hospice Beaujon ont presque complétement disparu, de celui qui en est pourvu, et dont les irrégularités ne sont imputables pour la plupart qu'à des négligences qui résultent d'un défaut de surveillance et pourraient être évitées par des moyens divers de contrôle, est-il sage de tenter, sur une aussi veste échelle, l'expérience d'un système en apparence plus rationnel, mais qui n'a pas été éprouvé dans les conditions auxquelles il se trouverait soumis ? C'est une question que je ne puis prendre sur moi de résoudre affirmativement jusqu'à plus ample information.

S'il ne s'agissait que de faire un essai comparatif sur l'un ou l'autre des bâtiments, ou même sur la moitié de part et d'autre, je n'hésiterais pas, parce que, sans me préoccuper des intérêts financiers, je ne verrais dans cette tentative, qui dans les deux cas assurerait, au moins à peu près, des deux côtés une amélioration considérable, qu'une grande expérience dont le résultat final, en apportant au régime des hôpitaux une immense amélioration, donnerait des moyens sûrs de la généraliser.

C'est à vous, monsieur le ministre, qu'il appartient d'apprécier toute l'importance de la question à ce point de vue général, et de ne pas la circonscrire à l'hôpital du Nord.

Quant à moi, par les motifs que je vous ai signalés, et d'après le peu de temps que je puis à présent consacrer à cette importante question, obligé de partir dans deux jours pour accomplir une mission, en présence des opinions émises par mon savant confrère M. Regnault, je ne puis exprimer que des doutes sur l'opportunité qu'il y aurait à adopter d'une manière absolue la solution qu'il croit préférable et sur l'efficacité de laquelle l'expérience n'a pas prononcé. J'aimerais mieux, je l'avoue, augmenter un peu les dépenses à la charge de la ville de Paris, et mettre en présence les deux systèmes opposés, en donnant la moitié du service à chacun d'eux : la concurrence les maintiendrait dans le meilleur état possible, et avant peu le gouvernement serait en mesure d'opérer avec certitude et de doter tous les hôpitaux et toutes les casernes d'une immense amélioration.

Je conclus donc à ce que les appareils de M. Léon Duvoir-Leblanc soient adoptés pour trois des bâtiments de l'hôpital du Nord, et ceux de MM. Farcot, Grouville, Thomas et Laurent pour les trois autres.

L'avenir décidera quel est celui des deux systèmes dont l'emploi doit être généralisé.

ASILE IMPÉRIAL DU VÉSINET.

18. *Expériences sur les appareils de chauffage à l'air chaud et de ventilation par insufflation. — Description sommaire.*

L'asile impérial du Vésinet, consacré aux femmes convalescentes, se compose de plusieurs corps de bâtiment.

Pour y assurer le service du chauffage et de la ventilation, mais malheureusement après que les constructions étaient à peu près terminées, le ministre de l'intérieur a traité avec la société Van Hecke et Ce, qui y a établi des calorifères, dont le nombre s'est successivement élevé à cinq, et un ventilateur, mû par une petite machine à vapeur dont la force peut être évaluée à 2 chevaux. Ces circonstances défavorables ont pu obliger le constructeur de ces appareils à des dispositions moins convenables que s'il avait été complétement libre.

La machine à vapeur et le ventilateur sont placés au centre du pavillon d'administration, et doivent servir à refouler dans tous les bâtiments et à tous les étages, par des canaux souterrains, l'air qui est aspiré dans les cours.

Cet air arrive dans des caves ou chambres à air où sont établis des calorifères composés chacun d'une cloche en fonte, et de tuyaux de chaleur ou de fumée en tôle, et qui, sur trois faces sont isolés dans ces chambres. Deux orifices d'appel et d'introduction d'air, égaux en sections à ceux des canaux souterrains venant du ventilateur, ont été récemment pratiqués à droite et à gauche du foyer, et amènent de l'air dans la chambre des calorifères, qui, en service ordinaire, se trouve ainsi alimentée par l'aspiration que provoque la chaleur développée par les calorifères et par l'action du ventilateur, auquel l'on attribue une grande part des effets de ventilation.

Des canaux souterrains, dirigés dans l'axe des bâtiments, conduisent l'air des chambres des calorifères sous les murs de refend, dans lesquels sont pratiqués des conduits verticaux.

Cet air arrive ainsi dans les salles de chaque étage, et chacun de ces conduits est partagé en trois parties, dont une par étage. A leur débouché, qui est à hauteur du plancher des salles, et dans les parois verticales des murs de refend, ces conduits présentent, à droite et à gauche, des ouvertures égales qui permettent à l'air de se répandre dans l'une ou dans l'autre des deux salles contiguës. Ces ouvertures circulaires, partagées en secteurs, sont garnies de registres ou papillons, que l'on peut ouvrir ou fermer plus ou moins à volonté.

Des cheminées d'évacuation de l'air vicié sont pratiquées dans les murs de face; une ou deux pour chaque salle et chaque étage.

Ces cheminées débouchent dans les greniers, au niveau du plancher, sous le toit, et les jours qui existent naturellement entre les chevrons et le sommet des murs n'ont pas été bouchés.

Tel est l'ensemble du système de chauffage et de ventilation qui a été établi par le docteur Van Hecke à l'asile du Vésinet. Je passe sous silence quelques dispositions de détail, en me réservant d'en parler lorsqu'il y aura lieu.

Des rapports adressés à l'administration et plusieurs notices publiées ayant attribué à ces appareils une supériorité considérable sur ceux que l'on employait auparavant, j'ai été conduit, en 1860, à l'occasion des projets présentés pour le palais de justice, à examiner les résultats qu'ils avaient produits à l'hôpital Beaujon, à l'hôpital Necker et à l'asile du Vésinet. Cet examen, ainsi que tous les renseignements que j'avais recueillis, soit seul, soit avec mes confrères MM. Rayer et Pelouze, auprès des directeurs, des médecins et des sœurs, ne m'ayant pas paru confirmer les éloges donnés à ces appareils, j'ai dû exprimer mon opinion à ce sujet, et je l'ai fait dans le rapport qui a été adressé par la commission que présidait M. Dumas[1], et qui avait à juger les projets présentés pour le palais de justice.

Peu de temps après la remise de ce rapport, qui avait été imprimé par ordre de M. le préfet de la Seine, M. le ministre de l'intérieur, par dépêche en date du 5 octobre 1860, m'a prié de présider à des expériences qui seraient faites à l'asile impérial du Vésinet sur les appareils de chauffage et de ventilation qui y avaient été établis.

Dès le 31 octobre, je me suis rendu à cet asile, que j'avais déjà visité deux fois, et je l'ai parcouru de nouveau avec M. Laval, architecte de l'établissement; mais à cette époque, des travaux complémentaires s'exécutaient encore aux appareils, la saison n'était pas favorable pour des expériences, et je dus attendre l'hiver.

Pour l'exécution de ces expériences j'ai fait appel au dévouement et à l'habileté de M. Tresca, sous-directeur du Conservatoire des arts et métiers; nous nous sommes rendus au Vésinet le 29 janvier 1861, accompagnés de deux jeunes ingénieurs attachés au Conservatoire, et nous y avons trouvé M. Laval et M. le docteur Van Hecke.

La présente note a pour but de faire connaître en détail tous les résultats de nos observations, et d'en déduire les conclusions auxquelles ils conduisent.

[1] Cette commission était composée de MM. Dumas, membre de l'Institut, président; De Vienne, premier président de la Cour impériale; Chaix-d'Est-Ange, procureur général: Pelouze, membre de l'Institut; Rayer, id.; Caristie, id.; général Morin, id., rapporteur.

19. *Expériences sur les appareils de chauffage et de ventilation établis par le docteur Van Hecke à l'asile impérial du Vésinet. — Janvier* 1861.

Pour reconnaître les effets des appareils de ventilation et distinguer la part qui pouvait appartenir à la ventilation naturelle produite par l'aspiration et l'échauffement de l'air, de celle qui était due à l'action du ventilateur, nous avons procédé de la manière suivante. Il ne nous était pas possible d'opérer le même jour sur toutes les parties du bâtiment, ce qui, d'ailleurs, eût été superflu, et nous avons choisi pour l'expérimentation le pavillon F, dont les deux ailes, perpendiculaires l'une à l'autre, contiennent l'une quatre, l'autre trois salles à chaque étage, et comprennent ensemble 122 lits. Ce pavillon, ses corridors, ses escaliers et autres dépendances sont chauffés par un seul calorifère placé à 80 mètres environ du ventilateur. L'air arrive dans la chambre à air de ce calorifère par deux ouvertures en communication avec le conduit de ventilation, et ayant chacune $0^{m},50$ sur $0^{m},60$ ou $0^{mq},3000$ d'ouverture. A droite et à gauche de la porte du foyer, et immédiatement au-dessus des ouvertures, dont on vient de parler, sont ménagés deux autres orifices d'introduction de l'air par lesquels l'air extérieur peut librement pénétrer dans la chambre à air.

Ces ouvertures auxiliaires, ajoutées depuis la première installation des appareils, sont maintenant habituellement ouvertes en entier, et leur existence nous a permis de comparer aussi exactement que possible les effets de la ventilation mécanique à ceux de la ventilation naturelle ou de l'aspiration.

A cet effet, nous avons d'abord fait fermer les orifices auxiliaires d'introduction de l'air dont il vient d'être parlé, afin d'observer les effets de la ventilation qui se produisait par les conduits de ventilation, tant par l'action du ventilateur que par celle de l'aspiration que la chaleur développée par le calorifère détermine dans ces conduits.

Nous avons ensuite fait arrêter le ventilateur et rouvrir les orifices auxiliaires seuls, pour reconnaître les effets de la ventilation qui pouvaient se produire sans le concours du ventilateur.

Enfin nous avons laissé fonctionner simultanément le ventilateur et l'aspiration développée par la chaleur pour constater les effets de ce concours des deux moyens.

Pour assurer, autant que possible, la facile arrivée de l'air dans toutes les salles, nous avons eu soin de faire tenir toutes les ouvertures d'admission ouvertes en plein, et de même, pour qu'aucun obstacle ne gênât l'appel par les cheminées d'évacuation, tous les meubles qui pouvaient se trouver devant leur entrée en ont été éloignés. Les fenêtres de toutes les salles sont restées fermées, et l'on a veillé à ce que les portes ne fussent ouvertes que le temps nécessaire à la circulation des malades seulement.

Une partie des grilles qui recouvrent les cheminées avait été enlevée; mais nous n'en avons pas moins fait des observations sur tous les orifices d'évacuation, en faisant abstraction de la présence des grilles qui y étaient restées. L'observation des vitesses d'écoulement par les cheminées centrales, qui sont bifurquées à leur débouché dans le grenier par suite de leur rencontre avec les entraits, et dont une moitié était recouverte par sa grille, tandis que l'autre était libre, nous a montré que la vitesse dans la partie libre était en général plus grande que dans la partie grillée, et comme la section de passage réel y était aussi plus considérable, il s'ensuit qu'en faisant abstraction de la présence des grilles, nous avons estimé plutôt trop haut que trop bas les volumes d'air écoulés par les orifices recouverts de ces grilles. Comme d'ailleurs nous avons opéré de même dans les trois séries d'expériences, les résultats n'en sont pas moins restés très-comparables entre eux. L'on a indiqué dans les tableaux par la lettre G, placée à droite des surfaces des orifices, ceux où la grille avait été conservée.

Dans les deux premières séries d'expériences l'on a observé à tous les étages et sur tous les orifices d'évacuation de l'air la vitesse de sortie, ce qui a permis de calculer le volume total d'air évacué dans chaque cas.

Pour la troisième série, l'heure avancée et l'obscurité n'ayant pas permis d'opérer sur tous les orifices, l'on a été obligé de se contenter de faire des observations sur dix-neuf de ces orifices; mais l'on a eu soin de répartir les expériences sur tous les étages, et spécialement sur toutes les grandes salles, de sorte que la comparaison des résultats obtenus sur ces orifices dans cette série, avec ceux qu'on avait recueillis sur les mêmes orifices, dans les deux autres séries, a permis d'apprécier les rapports des effets de ventilation dans les trois cas.

Dans toutes les séries, les mêmes observateurs et les mêmes instruments ont été employés aux mêmes cheminées, de sorte que les erreurs personnelles et celles des instruments devaient se trouver identiques dans chaque cas.

Les températures dans les salles ont été observées sur les thermomètres à alcool placés dans les salles, et dont on avait vérifié la concordance suffisante avec de bons thermomètres à mercure.

La température de l'air affluent dans les salles, celle de l'air dans les cheminées, dans la chambre à air et dans les conduits ont été déterminées avec des thermomètres à mercure très-sensibles.

L'anémomètre tenu par M. Lafon, et dont les indications sont précédées de la lettre L, a pour formule :

L. $$V = 0^m,1392 + 0^m,08852\ N.$$

L'anémomètre tenu par M. Villermé, et dont les indications sont précédées de la lettre V, a pour formule :

V. $$V. = 0^m,35 + 0^m,084\ N.$$

Tous les résultats obtenus dans les trois séries d'expériences sont consignés dans le tableau suivant, pour l'intelligence duquel il est bon de dire que certaines salles ont deux cheminés d'évacuation, tandis que d'autres n'en ont qu'une.

Ces tableaux se composent de deux parties, l'une relative aux observations faites sur l'aile gauche, qui se termine au pavillon A du plan général, l'autre aux observations faites sur l'aile droite qui s'arrête au pavillon F.

Chacune de ces parties des tableaux comprend trois séries d'expériences.

La première, exécutée quand le ventilateur fonctionnait seul avec le concours de l'aspiration qui pouvait se produire dans ses conduits particuliers débouchant dans la chambre à air, à droite et à gauche du calorifère.

La deuxième exécutée quand le ventilateur était arrêté, et que les orifices auxiliaires d'admission de l'air dans la chambre du calorifère étaient ouverts, et qu'ainsi la ventilation se faisait uniquement par l'appel, qui se produisait à la fois par ces orifices auxiliaires, ainsi que par les conduits et même par la cheminée d'introduction de l'air au ventilateur.

La troisième série contient les résultats des observations faites quand l'air affluait dans la chambre à air par les orifices auxiliaires et par l'action du ventilateur.

Dans chacune des deux premières séries, l'on a totalisé les volumes d'air sortis par les cheminées, d'abord par galerie, puis par aile de bâtiment, et ensuite l'on a ajouté les volumes partiels pour établir les volumes d'air totaux évacués de ce pavillon.

ASILE IMPÉRIAL DU

Expériences faites

AILE GAUCHE.

1re SÉRIE.

Le ventilateur fonctionne seul.

Désignation des galeries et de l'étage.	Numéros des salles.	Température des salles.	Température de l'air affluant.	Température de l'air sortant.	Désignation de l'observateur.	Nombre de tours de l'anémomètre en 1'.	Vitesse de l'air évacué en 1''.	Dimensions et sections des orifices.	Présence ou absence de la grille.	Volumes d'air écoulés en 1''.
		°	°	°			m.	m. m. m.		lit.
Galerie Ste Clotilde. — Rez-de-chaussée.	1	19	22	17	L	500	0.87	0.30×0.15=0.0450	O	39.15
						400	0.73	0.30×0.15=0.0450	G	32.85
	2	18.5	22	..	V	425	0.96	0.37×0.15=0.0550	O	52,80
						258	0.73	0 30×0.15=0.0450	G	32,85
	3	17	21	16	L	200	0.43	0.30×0.15=0.0450	G	18.35
						208	0.44	0.30×0.15=0.0450	O	19.80
	4	20.5	21	17	L	226	0.47	0.52×0.29=0.1508	G	70.88
	5	....	..	10	V	100	0.50	0.39×0.21=0.0819	G	40.95
	7	....	..	..	V	0	0.00	0.30×0,20=0.0600	G	0,00
	Corridor	12.5								
		Totaux par galerie								307.63
Galerie Ste Élisabeth — 1er étage.	1	18	..	17	L	346	0.65	0.75×0.15=0.1125	O	73.13
	2	15	19	..	V	320	0.82	0.80×0.15=0.1200	G	98.40
	3	18	..	17	L	506	0.88	0.75×0.15=0.1125	O	99.00
	4	18.5	..	..	L	370	0.68	0.40×0 29=0.1160	G	78.88
	5	....	..	..	V	180	0.62	0.40×0.21=0.0840	G	52.08
	7	....	..	..	V	95	0.49	0.35×0.20=0.0700	G	34.30
	Corridor	12								
		Totaux par galerie								435.79
Galerie Ste Félicité. — 2e étage.	1	17	..	..	L	330	0.62	0.80×0.15=0.1200	G	74.40
	2	17	..	..	V	380	0.88	0.73×0.15=0.1095	O	96.36
	3	17	..	..	L	410	0.74	0.80×0.15=0.1203	G	88.80
	4	17	..	15	L	334	0.63	0.37×0.29=0.1075	G	67.60
	5	....	..	18	V	370	0.08	0275×0.79=0.0798	G	70.22
	7	....	..	15	V	330	0.83	0.65×0.08=0.0520	G	43.16
	Corridor	10								
		Totaux par galerie								440.54
Totaux généraux par série et par aile										1183.96

VÉSINET. — PAVILLON A.

le 29 janvier 1861.

AILE GAUCHE.											
2e SÉRIE. L'aspiration fonctionne seule.						3e SÉRIE. Le ventilateur et l'aspiration fonctionnent simultanément.					
Température des salles.	Température de l'air sortant.	Désignation de l'observateur.	Nombre de tours de l'anémomètre en 1'.	Vitesse de l'air évacué en 1".	Volumes d'air évalués en 1".	Température des salles.	Température de l'air sortant.	Désignation de l'observateur.	Nombre de tours de l'anémomètre en 1".	Vitesse de l'air évacué en 1".	Volumes d'air écoulés en 1".
o	o	o		m.	lit.	o	o			m.	lit.
		L	458	0.81	36.45	19.5	..	L	424	0.76	34.20
17.5	..	L	382	0.70	31.50	....	..	L	450	0.80	36.00
		V	335	0.84	46.20	19.5	..	V	450	1.05	55.55
14.5	17	V	258	0.73	32.85						
		L	160	0.37	16.65						
16.0	16	L	150	0.36	16.20	16					
19.0	..	L	155	0.37	55.80	18.5					
....	..	V	73	0.46	37.67						
....	..	V	0	0.00	0.00						
13											
					273.32						
18.5	17	L	492	0.86	96.75	18	18	L	390	0.71	79.78
18	15	V	200	0.64	76.80	15.5	..	V	235	0.70	84.00
19.5	..	L	552	0.95	106.87	20					
19	..	L	456	0.81	93.96	19.5					
....	14	V	350	0.86	72.24						
....	11	V	250	0.72	50.40						
12											
					497.02						
18	19	L	418	0.75	90.00	19.5	18	L	488	0.85	102 .0
18.5	..	V	440	0.99	108 41	19.5	16	V	463	1.02	111.60
18.5	18	L	434	0.78	93.60	16					
18.5	..	L	350	0.65	69.75	18.5					
....	..	V	405	0.94	75.00						
....	14	V	370	0.89	24.28						
11.5											
					483.05						
					1253.39						

ASILE IMPÉRIAL DU

Suite des expériences

AILE DROITE.

1re SÉRIE.
Le ventilateur fonctionne seul.

Désignation des galeries et de l'étage.	Numéros des salles.	Température des salles.	Température de l'air affluant.	Température de l'air sortant.	Désignation de l'observateur.	Nombre de tours de l'anémomètre en 1''.	Vitesse de l'air évacué en 1''.	Dimensions et sections des orifices.	Présence ou absence de la grille.	Volumes d'air écoulés en 1''.
		°	°	°			m.	m. m. m.		lit.
Galerie Ste Marie. — Rez-de-chaussée.					L	206	0.44	0.30×0.21=0.0630	G	27.72
					L	234	0.48	0.34×0.21=0.0714	G	34.27
	6	17			L	286	0.56	0.28×0.19=0.0532	O	29.79
					L	230	0.37	0.28×0.19=0.0532	G	19.68
					V	190	0.63	0.30×0.20=0.0600	G	37.80
	5	....			V	165	0.60	0.30×0.20=0.0600	G	36.00
					V	358	0.88	0.30×0.18=0.0540	O	47.52
					V	300	0.79	0.30×0.20=0.0600	G	47.40
	4	....			L	464	0.82	0.32×0.18=0.0576	G	47.23
		Totaux par galerie...........								327.41
Galerie Ste Cécile. — 1er étage.	8	17			V	200	0.64	0.35×0.21=0.0735	G	47.04
	7	18.5			L	354	0.66	0.64×0.21=0.1344	G	88.71
					L	326	0.62	0.63×0.19=0.1197	G	74.21
	6	16			V	305	0.80	0.68×0.20=0.1360	G	108.80
					V	211	0.66	0.70×0.20=0.1400	G	92.40
	5	15.5			L	252	0.51	0.28×0.18=0.0504	G	25.70
	Corridor	11.5								
		Totaux par galerie......................								436.86
Galerie Ste Marthe. — 2e étage.	8	17			V	365	0.88	0.40×0.21=0.0840	G	73.92
	7	19			L	294	0.57	0.61×0.26=0.1282	G	70.07
					L	324	0.62	0.68×0.19=0.1292	O	80.11
	6	15			V	228	0.69	0.67×0.18=0.1206	G	83.21
					V	200	0.64	0.64×0.20=0.1280	G	81.92
	5	....			L	432	0.77	0 34×0.17=0.8578	G	44.50
	Corridor	11								
		Totaux par galerie......................								436.74
Totaux par série et par aile...........................										1201.01
Totaux généraux par série...........										2384.94

VÉSINET. — PAVILLON F.

faites le 29 janvier 1861.

AILE DROITE.											
2e SÉRIE. L'aspiration fonctionne seule.						3e SÉRIE. Le ventilateur et l'aspiration fonctionnent simultanément					
Température des salles.	Température de l'air sortant.	Désignation de l'observateur.	Nombre de tours de l'anémomètre en 1'.	Vitesse de l'air évacué en 1''.	Volumes d'air écoulés en 1''.	Température des salles.	Température de l'air sortant.	Désignation de l'observateur.	Nombre de tours de l'anémomètre en 1'.	Vitesse de l'air évacué en 1''.	Volumes d'air écoulés en 1''.
0	0	0		m.	lit.	0	0			m.	lit.
17.5	..	L	200	0.43	27.09						
....	..	L	133	0.53	23.56	16	16	L	152	0.36	25.7
....	..	L	312	0.60	31.92	....	14	L	268	0.53	27.20
....	..	L	130	0.53	17.55						
15	..	V	105	0.54	32.40	13	..	V	170	0 60	36.0
....	..	V	140	0.56	33.60						
....	..	V	0	0.00	0.00		..	V	0	0.00	0.00
....	..	V	0	0.00	0.00						
18	17	L	396	0.72	41.47						
						10.5					
					207.59						
....	..	V	413	0.95	69.83						
12.5	17	L	320	0.61	81.92	19.5	18	L	312	0.60	80.64
....	17	L	342	0.64	76.61	....	17	L	276	0.54	64.64
16.0	15	V	320	0.82	111.52	15.5	15	V	240	0.70	95.20
....	..	V	405	0.94	131.60	....	..	V	243	0.71	99.4
....	..	L	215	0.45	22.68						
11.5						11.5					
					494.22						
....	..	V	410	0 90	75.60	17					
19	18	L	302	0.58	74.36	18	16	L	340	0 64	43.59
....	16	L	284	0.55	71.06	....	17	L	210	0.44	58.85
15	..	V	222	0.68	82.01	15	..	V	243	0.71	85.63
....	..	V	220	0.68	87.04	....	..	V	240	0.70	89.60
....	..	L	445	0.79	45.66						
10											
					435.73						
					1137.54						
					2390.93						

20. *Examen des résultats consignés dans le tableau précédent.*

Les résultats contenus dans ce tableau sont intéressants et très-concluants; nous les examinerons dans l'ordre de leur importance, au point de vue des conséquences que l'on peut en déduire pour l'art de la ventilation.

21. *Effets comparatifs de l'action des ventilateurs insufflants et de la ventilation due à l'action de la chaleur.*

Dans la première série d'expériences l'action du ventilateur et celle de l'aspiration que provoquait par la cheminée d'introduction dans les conduits souterrains et dans les cheminées d'évacuation, l'échauffement de l'air par le calorifère, concouraient à produire la ventilation totale qui s'est élevée à 2^{mc},38494 par seconde.

Dans la 2e série le ventilateur étant arrêté et les orifices auxiliaires ménagés à droite et à gauche du fourneau étant ouverts, la ventilation n'était due qu'à l'aspiration que produisait l'échauffement de l'air par le calorifère. Le volume total d'air évacué par toutes les cheminées s'est élevé à 2^{mc},39093. Ce dernier volume étant presque exactement le même que le précédent, l'on peut conclure, sans crainte d'erreur, que, dans les circonstances de l'expérience, l'aspiration due à l'action du calorifère seul produisait presque exactement les mêmes résultats que l'effet combiné du ventilateur et de l'aspiration.

Il convient d'ailleurs de faire remarquer que, pendant les expériences où le ventilateur était arrêté, l'aspiration par la cheminée d'introduction de l'air et par les conduits généraux de ventilation continuait à se faire avec une grande énergie, ce qui montre que cette aspiration n'est pas due à la seule action du ventilateur et fait voir que dans un système qui fonctionnerait seulement par appel, l'on pourrait très-bien, si on le jugeait utile, amener l'air nouveau à introduire dans les salles au moyen d'une cheminée prenant cet air à une certaine hauteur au-dessus du sol. C'est ce qui résulte d'ailleurs aussi des observations faites à l'hôpital Lariboisière, ainsi qu'on l'a déjà fait remarquer.

22. *Comparaison des résultats obtenus dans chaque aile.*

Si, au lieu de comparer les résultats généraux et totaux observés dans le pavillon composé de deux ailes, nous voulions mettre en regard ceux qui sont relatifs à chacune des ailes séparément, nous arriverions exactement aux mêmes conséquences.

En effet, les tableaux nous fournissent les résultats suivants :

	lit.
AILE GAUCHE.	
1re *Série*. Le ventilateur fonctionnant seul, volume total évacué . .	1183,90
2e *Série*. L'aspiration fonctionnant seule, volume total évacué . .	1253,39
AILE DROITE.	
1re *Série*. Le ventilateur fonctionnant seul, volume total évacué . .	1201,90
2e *Série*. L'aspiration fonctionnant seule, volume total évacué. .	1137,54

Les différences dans les résultats, toujours très-faibles, tantôt en plus, tantôt en moins, sont de l'ordre des erreurs inévitables dans de semblables recherches, et les résultats partiels s'accordent avec les résultats généraux pour montrer que la ventilation due à l'action du calorifère produit les mêmes effets quand elle agit seule que quand elle a pour auxiliaire le ventilateur.

23. *Effets de la ventilation par l'action simultanée du ventilateur et de l'introduction directe de l'air dans la chambre à air.*

Ainsi que nous l'avons dit, cette troisième série d'expériences n'a pas été étendue comme les autres à toutes les cheminées d'évacuation, mais comme elle a été faite sur dix-neuf de ces cheminées, qui sont au nombre total de quarante-deux, ou environ sur la moitié du nombre total des cheminées et sur toutes les grandes salles, il est facile, en comparant les résultats obtenus dans les trois séries d'expériences sur ces dix-neuf cheminées, d'en tirer des conclusions utiles.

A cet effet, nous avons extrait des tableaux généraux du n° 2, et réuni dans le tableau suivant les résultats relatifs à ces cheminées et nous y avons totalisé les volumes d'air évacués dans chaque série.

Tableau comparatif des résultats des expériences faites au Vésinet le 29 janvier dans le pavillon F.

DÉSIGNATION DES GALERIES ET DES SALLES.		VOLUMES D'AIR ÉCOULÉS EN 1''.		
		1re Série. Le ventilateur fonctionne seul.	2e Série L'aspiration fonctionne seule.	3e Série Le ventilateur et l'aspiration fonctionnent simultanément.
		AILE GAUCHE		
		lit.	lit.	lit.
Galerie Sainte-Clotilde		39.15	36,45	34,20
	n° 1	32,85	31,50	36,00
	n° 2	52,80	46,20	55,55
Galerie Sainte-Élisabeth	n° 1	73,13	96,75	79,78
	n° 2	98,40	76,80	84,00
Galerie Sainte-Félicité	n° 1	74,40	90,00	102,00
	n° 2	93,36	108,40	111,69
Totaux pour l'aile gauche		464,09	486,10	503,22
		AILE DROITE		
Galerie Sainte-Marie	n° 6	34,27	25,56	25,70
	n° 6	29,79	31,92	27,20
	n° 5	37,80	32,40	36,00
	n° 5	47,52	00,00	00,00
Galerie Sainte-Cécile	n° 7	88,71	81,98	80,64
	n° 7	74,21	76,61	64,64
	n° 6	108,80	111,52	95,20
	n° 6	92,40	131,60	99,40
Galerie Sainte-Marthe	n° 7	73,07	74,36	43,59
	n° 7	80,11	71,06	58,85
	n° 6	83,21	82,01	85,63
	n° 6	81,92	87,04	89,60
Totaux pour l'aile droite		831,81	804,06	706,45
Totaux généraux par série		1295.90	1290,16	1209,67

24. *Conséquences des résultats contenus dans le tableau précédent.*

En résumant les résultats ci-dessus l'on reconnaît que le volume d'air sorti par les dix-neuf cheminées a été :

	lit.
1° Dans la première série, ventilation mécanique aidée par l'aspiration naturelle à travers les conduits généraux de	1295,90
2° Dans la deuxième série, ventilation due à la seule action de la chaleur par les conduits généraux et par les orifices latéraux du fourneau de.	1290,16
3° Dans la troisième série, ventilation mécanique aidée par l'aspiration naturelle à travers les conduits généraux et par les orifices latéraux du fourneau de	1209,67
Volume moyen.	1265,24

Ces trois résultats, presque identiques, montrent de nouveau que l'influence du ventilateur, sur le volume d'air évacué par les cheminées est sensiblement nulle.

25. *Conséquence générale des trois séries d'expériences.*

Il résulte donc de cette comparaison des résultats obtenus dans ces trois séries une seconde confirmation complète de l'opinion que j'avais émise dans le rapport de la commission chargée d'examiner les projets de ventilation présentés pour le palais de justice, que, dans la plupart des cas, l'action de l'aspiration, convenablement réglée et déterminée par des appareils de chauffage bien proportionnés, suffit pour produire les effets de ventilation nécessaires, et qu'il n'y a aucun avantage à recourir à l'usage des ventilateurs insufflants.

Quant aux propriétés spéciales que M. Van Hecke attribue à son ventilateur, il faudrait, pour les apprécier, des expériences directes que nous ne pouvions faire au Vésinet.

26. *Rapport entre les volumes d'air introduits dans la chambre à air et les volumes sortis des salles.*

Outre les expériences dont on vient de parler, nous en avons fait d'autres pour déterminer, autant que cela était possible dans de semblables circonstances, les volumes d'air qui étaient introduits dans la chambre à air et les comparer aux volumes d'air sortis des salles, afin de reconnaître le rapport qui pouvait s'établir entre ces volumes.

A cet effet l'on a opéré pendant la deuxième et la troisième série d'expériences, en observant les vitesses d'introduction de l'air dans la chambre à air par les deux débouchés des canaux généraux de ventilation et par les deux orifices auxiliaires ouverts à droite et à gauche du foyer. Ces quatre orifices avaient à très-peu près la même section, et en pénétrant dans la chambre à air l'on a pu, malgré la température de 32° qui régnait dans la partie supérieure, faire les observations avec soin. Les résultats de ces expériences sont consignés dans le tableau suivant.

Expériences faites, le 19 janvier 1861, à l'Asile impérial du Vésinet, sur les volumes d'air introduits dans les chambres du calorifère.

DÉSIGNATION des ORIFICES.	TEMPÉRATURES de l'air à l'entrée.	DIMENSIONS des ORIFICES	DEUXIÈME SÉRIE. APPEL SEUL.				TROISIÈME SÉRIE. VENTILATEUR ET APPEL.			
			Observateur.	Tours de l'anémomètre en 1''.	Vitesse en 1''.	Volume d'air introduit en 1''.	Observateur.	Tours de l'anémomètre en 1''.	Vitesse en 1''.	Volume d'air introduit en 1''.
		mq.			m.	mc.				
Orifice latéral. . . .	9°	0,485 × 0,64 = 0,3104	V	910	1,66	0,5153	V	595	1,21	0,3753
Orifice latéral. . . .	9°	0,50 × 0,60 = 0,3000	V	900	1,65	0,4950	V	618	1,24	0,3720
Orifice du ventilateur.	9°	0,50 × 0,60 = 0,3000	L.	226	0,47	0,1441	L.	718	1,19	0,3570
Orifice du ventilateur.	9°	0,50 × 0,60 = 0,3000	L.	250	0,50	0,1500	L.	924	1,50	0,4500
Volumes totaux						1,3044				1,5545

27. *Examen des résultats consignés dans ce tableau.*

Les résultats que l'on vient de faire connaître sont importants à plus d'un point de vue.

La valeur des volumes totaux d'air introduits dans la chambre à air montre d'abord que, pour l'introduction de l'air dans la chambre du calorifère, le ventilateur n'a guère plus d'influence que pour l'ensemble de la ventilation puisque l'aspiration seule, même dans les conditions très-défavorables dans lesquelles elle agissait en partie, a produit un volume d'air de $1^{mc},3044$ qui est les 0,84 du volume introduit par l'action simultanée du ventilateur et de l'appel, et le résultat aurait encore été plus favorable à l'action de l'appel, si les orifices latéraux avaient été suffisamment grands pour dispenser d'en laisser arriver par les conduits du ventilateur. C'est ce qui est rendu évident dans la deuxième série d'expériences faites avec l'appel seul par la différence des volumes introduits par les orifices latéraux qui ont été de $0^{mc},5153$ et $0^{mc},4950$, tandis que ceux qui sont passés par les orifices venant du ventilateur n'ont été que de $0^{mc},1441$ et $0^{mc},1500$

28. *Rapport du volume d'air introduit dans la chambre à air au volume total évacué par les cheminées.*

Le volume total introduit par l'appel seul a été de $1^{mc},3044$ en 1'', tandis que dans les mêmes conditions de température intérieure et extérieure, le volume d'air évacué par les cheminées avait été trouvé (2e série, no 2) égal à $2^{mc},3909$; le rapport de ces deux volumes égal à

$$\frac{1.3044}{2.3909} = 0.546$$

montre que, dans le pavillon où les expériences ont été faites, malgré l'attention que l'on a toujours eue de veiller à la fermeture des portes et des fenêtres, l'air introduit par la circulation naturelle s'est élevé à $2^{mc},3909 - 1^{mc},3044 = 1^{mc},0855$ par seconde,

ou à $$\frac{1.0855}{2.3909} = 0.455$$

du volume d'air total évacué par les cheminées. Ce résultat, qui montre sous un autre point de vue toute l'influence de la ventilation produite par les différences de température, est d'ailleurs d'accord avec ce que nous avons observé à l'hôpital Lariboisière sur les pavillons ventilés par appel.

29. *Influence de la disposition respective des conduits ou des courants d'air.*

Dans celles des expériences précédentes où l'on opérait par appel seul, la facilité de l'introduction de l'air par les orifices latéraux assurait au courant d'air qui les traversait une prépondérance que nous avons déjà signalée. Mais quand le ventilateur agissait, le courant, qu'il aidait de son action, diminuait beaucoup l'entrée de l'air par les orifices latéraux en augmentant un peu la pression dans l'intérieur de la chambre, et comme le volume total introduit n'était guère accru, il s'ensuivait que l'action du ventilateur était presque plus nuisible qu'utile; mais en outre cette circonstance montre que le volume d'air qui peut arriver dans une semblable chambre ne croît pas toujours proportionnellement au nombre des canaux d'affluence, quoiqu'il y ait d'ailleurs avantage à exagérer un peu leur dimension.

30. *Observations sur les calorifères.*

Les appareils de chauffage établis par M. Van Hecke se composent d'une cloche en fonte placée directement au-dessus de la grille et de tuyaux en tôle pour la circulation de la fumée. L'ensemble se trouve isolé, du moins sur trois de ses côtés, dans l'intérieur de la chambre et loin de ses parois ; la cloche, même quand le feu est modéré, est chauffée au rouge, ainsi que nous l'avons observé le 19 janvier, et il doit en être de même d'une partie des tuyaux quand il fait très-froid. Nous devons dire cependant que le jour de nos expérimentations la température, dans la chambre à air, n'était que de 20° en bas et de 32° dans la partie supérieure, tandis que dans la salle elle était en moyenne de 16 à 19°. Mais quand il fait très-froid il doit en être tout autrement.

Les tuyaux en tôle peuvent, il est vrai, se diviser, quant à la circulation de la fumée, en deux groupes distincts présentant des développements inégaux qui permettent d'envoyer cette fumée dans la cheminée d'évacuation après un parcours plus ou moins long, selon que l'on veut échauffer l'air à une température plus ou moins élevée.

L'emploi de la tôle pour les tuyaux de fumée a été depuis longtemps abandonné par tous les bons constructeurs de calorifères, parce que la tôle se brûle facilement l'hiver et s'oxyde surtout l'été pendant que les appareils ne fonctionnent pas et qu'il en résulte, outre les frais de réparations, des chances d'incendie dangereuses. Par ce dernier motif surtout, il me semble que l'on n'aurait donc pas dû admettre l'emploi de ces tuyaux en tôle.

31. *De la distribution de la chaleur dans les salles.*

Lors des expériences du 29 janvier 1861, nous avons constaté avec soin la température de l'air affluent dans les salles et celle de ces salles elles-mêmes. L'air extérieur était à 9° au-dessus de zéro ; le chauffage était donc facile et pouvait être modéré. Aussi avons-nous trouvé généralement qu'à son arrivée dans les salles l'air avait une température de 22°, et que celui des salles était à 18 ou 19°, ce qui dépasse le degré nécessaire. Cette température était d'ailleurs à très-peu près uniforme dans toutes les salles, et celle des corridors variait de 10 à 11°. C'est ce que constate le tableau suivant :

Températures observées dans les salles du pavillon F de l'hospice du Vésinet.

GALERIE SAINTE-CLOTILDE Rez-de-chaussée.				GALERIE SAINTE-ÉLISABETH 1er étage.				GALERIE SAINTE-FÉLICITÉ 2e étage.			
Numéros des salles.	Nombre des lits.	TEMPÉRATURES des salles.	TEMPÉRATURES du corridor.	Numéros des salles.	Nombre des lits.	TEMPÉRATURES des salles.	TEMPÉRATURES du corridor.	Numéros des salles.	Nombre des lits.	TEMPÉRATURES des salles.	TEMPÉRATURES du corridor.
1	6	19°,5	12	1	6	18°,0	12	1	6	18°,0	10,5
2	6	19,5		2	6	15,5		2	6	19,5	
3	6	16,0		3	6	20,0		3	6	19 5	
4	3	18,5		4	3	19 5		4	3	»»,»	
	21	18,4			21	18,25			21	19,0	
GALERIE SAINTE-MARIE Rez-de-chaussée.				GALERIE SAINTE-CÉCILE 1er étage.				GALERIE SAINTE-MARTHE 2e étage.			
4	9	17°,5	10	5	1	17°,0	11,5	5	1	»°,»	11
5	9	14,5		6	9	17,5		6	9	15,0	
6	1	16,5		7	9	19,0		7	9	18,5	
				8	1	19,5		8	1	19,0	
	19	16,2			20	18,2			20	17,3	

Total des lits, aile gauche 63, aile droite 59, total : 122 lits.

Pour nous éclairer sur les dispositions à l'aide desquelles M. Van Hecke était parvenu à réaliser une semblable uniformité de température, que nous regardions comme assez remarquable pour mériter notre attention, d'autant plus qu'en 1859 l'on était loin de l'avoir obtenue, nous avons été forcé de faire pénétrer dans la chambre à air nos collaborateurs pour chercher à connaître les dispositions des galeries de ventilation et des tuyaux de prise et d'ascension de l'air. L'on y a aussi observé une disposition ingénieuse spécialement applicable, il est vrai, à des cas analogues à celui qui nous occupe, mais qui est cependant assez remarquable.

Après notre visite, M. Laval, architecte de l'établissement, a eu l'obligeance de nous procurer le dessin de cette disposition dont un des éléments principaux est représenté dans la figure de la page 45, et que nous allons chercher à décrire.

32. *Description des galeries inférieures de distribution de l'air chaud.*

Ainsi que nous l'avons dit, l'air échauffé au contact et par la radiation des parois du calorifère se répand dans la chambre de cet appareil, qui y est presque complétement isolé, et par suite de l'arrivée continue d'air frais, il s'établit dans cette chambre des couches d'air à des températures croissantes et très-différentes depuis le sol jusqu'à la voûte.

Deux galeries, partant de la chambre à air, un peu au-dessus de son sol, se dirigent vers l'axe longitudinal des ailes gauche et droite et sont destinées à conduire l'air chaud dans toute la longueur de ces ailes. L'intrados des voûtes de ces galeries, qui ont $0^m,75$ de largeur dans œuvre est de niveau sur toute leur longueur ; leur sol, ou radier, a une rampe ascendante de $0^m,035$ par mètre, à partir de la chambre à air; de sorte que la hauteur sous clef, qui est à l'origine pour l'aile gauche de $2^m,00$, n'est à l'extrémité sous la salle nº 4 que de $0^m,96$. A leur passage audessous des murs de refend ces galeries communiquent avec trois conduits verticaux, qui répartissent l'air dans les salles correspondantes. Mais lors de la première mise en activité des appareils, la facilité plus grande d'accès que l'air trouvait vers les conduits et les salles les plus voisines du calorifère occasionnait des différences très-considérables dans les températures et dans les volumes d'air répartis dans les salles, de sorte que les plus éloignées ne recevaient, à certaines époques, que peu ou point de chaleur, et qu'en outre il ne restait aucun moyen direct de ventiler les lieux d'aisances qui, en tout temps, répandaient une mauvaise odeur.

M. Van Hecke a cherché depuis à remédier à ce défaut par la disposition suivante.

L'inégalité de température de l'air dans la chambre à air, dont la partie supérieure est à 32°, tandis que la partie voisine du sol n'est à peu près qu'à la température de 20°, se propageait immédiatement dans les galeries où des différences analogues se produisaient aussi et étaient évidemment l'une des causes principales des différences observées dans la répartition de la chaleur dans les salles.

Pour corriger, autant que possible, ce défaut, M. Van Hecke a établi au-dessous de chaque mur de refend des dispositions qui ont pour but et, à certaines époques, pour effet, comme nous l'avons déjà constaté, de régulariser beaucoup mieux la température. Au-dessous de chacune des séries de tuyaux ascendants il a pratiqué dans les conduits un élargissement de $0^{m},17$ de chaque côté à l'origine, et qui se réduit successivement à $0^{m},16$ et à $0^{m},15$ vers l'extrémité. Cet élargissement, qui règne sur toute la hauteur du conduit, offre vers le bas, à droite et à gauche, des orifices horizontaux d'introduction ou de passage à l'air dont les dimensions sont les suivantes, pour l'aile gauche, par exemple :

Salles	1	2	3	4
Hauteur	$0^{m},17$	$0^{m},16$	$0^{m},16$	$0^{m},15$
Largeur	0 ,50	0 ,50	0 ,50	0 ,50
Surface	$0^{mq},085$	$0^{mq},085$	$0^{mq},080$	$0^{mq},075$

Au-dessus de ces orifices sont placés des espèces de diaphragmes en zinc en forme de voûte surbaissée, qui forment de chaque côté avec la paroi du précédent des canaux latéraux par lesquels l'air arrive aux conduits verticaux.

La figure ci-jointe représente en section transversale cette disposition qui a les résultats suivants :

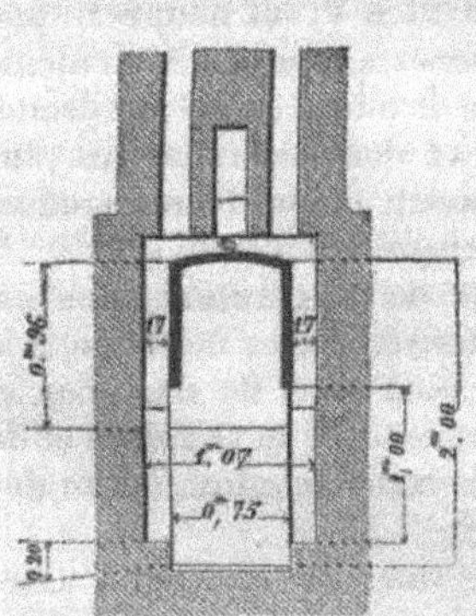

Au-dessous du premier mur de refend, salle 1, la prise d'air ne permettant que l'accès de l'air des couches situées à 1 mètre au plus au-dessus du sol et à 1 mètre au-dessous de l'intrados horizontal de la voûte, l'air qui y pénètre se trouve mêlé d'air relativement frais et d'une portion d'air chaud. Au-dessous du second mur, la prise d'air est à $0^{m},70$ en contre-bas de la voûte; au troisième mur, elle est à $0^{m},50$, et au quatrième, à $0^{m},35$. Ces ouvertures admettent donc de l'air pris d'autant plus près de la voûte ou dans la région où il est chaud qu'elles sont plus éloignées de la chambre; mais en même temps, par l'effet de la circulation, le mélange des couches de différentes températures s'est opéré de plus en plus, tandis que, d'autre part, l'air le plus chaud a, dans certains cas, pu se refroidir un peu, et il résulte de ces causes concordantes et de l'égalité presque complète des aires de passage pour les salles nos 1, 2 et 3 de l'aile gauche dont nous parlons, que pour le cas des températures modérées d'hiver, les volumes d'air et les températures peuvent être assez uniformément réparties. Mais il ne s'ensuit pas nécessairement qu'il en puisse être de même en tout temps et surtout par de très-basses températures extérieures, parce que les calorifères devant alors fournir beaucoup plus de chaleur, la répartition des températures aux différentes hauteurs de la chambre à air et des galeries pourrait être tout autre, et que, dès lors, des inégalités très-sensibles pourraient s'établir entre les températures des diverses salles. Les hauteurs auxquelles il convient de prendre l'air dans ce dispositif dépendent donc de circonstances variables, et quoiqu'il permette de régulariser assez bien les températures à un même étage, il y a des circonstances où il serait nécessaire de modifier ces hauteurs. C'est ce qu'il serait, du reste, assez facile de faire, en adaptant aux diaphragmes en zinc de petites ventelles mobiles.

Les résultats des observations de températures faites cet hiver par M. le directeur de l'asile et relatés plus loin montrent en effet que si, dans l'aile gauche du pavillon F, les températures, quoique parfois trop basses, ont été assez uniformes à un même étage, il n'en a pas été à beaucoup près de même dans l'aile droite, où il a fait généralement trop froid, et dont les salles les plus éloignées du calorifère ont été beaucoup moins bien chauffées que celles qui en étaient plus rapprochées.

L'on peut se demander si l'inégalité de température qui s'établit dans les chambres à air, aux conséquences de laquelle le dispositif que l'on vient de décrire a pour objet de remédier, et qui sont le résultat de la grande capacité de la chambre et de l'isolement du calorifère des parois de cette chambre, est en définitive avantageuse ou nuisible.

Elle crée, comme on vient de le voir, une difficulté assez grande à l'uniformité de température des salles; mais, d'une autre part, l'isolement du calorifère a pour effet que si une partie de l'air, celle qui s'est le plus échauffée par le contact des surfaces métalliques portées au rouge, a pu éprouver quelque altération, le reste, qui n'est chauffé que par le rayonnement de l'appareil et par un mélange incomplet avec la première portion, doit avoir conservé son humidité et sa pureté naturelle; de sorte que le mélange qui se fait ultérieurement n'est pas aussi insalubre qu'il l'aurait été, si le calorifère avait été entouré de plus près par les parois de la chambre. Cette dernière opinion n'a rien d'improbable, et si elle était tout à fait exacte, l'isolement des calorifères à air chaud serait un moyen de diminuer les inconvénients qu'on leur reproche avec raison.

Nous devons faire observer que la forme donnée par M. Van Hecke à son diaphragme en zinc et la manière dont il est placé produisent une inégalité très-sensible dans le volume d'air qui passe par le conduit vertical du milieu de chaque mur de refend, lequel alimente le rez-de-chaussée. C'est ce dont il est facile de se rendre compte par l'examen du profil représenté précédemment, et c'est aussi ce qui explique comment, dans toutes nos expériences, les volumes d'air évacués par les cheminées des galeries du rez-de-chaussée n'ont été que les 0.70 à 0.75 environ de ceux qui étaient extraits des deux autres étages, malgré l'avantage que la hauteur de la cheminée d'évacuation devait au contraire donner à ces galeries. Mais cet inconvénient serait facile à corriger en supprimant une partie des cloisons inférieures en briques de ce conduit central.

Malgré ce que cette disposition offre d'ingénieux et le succès qu'elle obtient pour des températures modérées de l'air extérieur qui n'obligent pas à chauffer trop fortement l'air de la chambre du calorifère, l'on ne parvient pas à obtenir dans les salles et dans les corridors ou galeries les températures convenables lorsque le thermomètre descend de plusieurs degrés au-dessous de zéro. Dans le cours du dernier hiver, il est arrivé souvent que la température de certaines salles n'a pu être élevée au-dessus de six, huit ou neuf degrés au-dessus de zéro, et que celle des galeries ou promenoirs n'était en même temps que de un degré et demi, deux degrés et demi à trois degrés; ce qui était certainement bien insuffisant pour des femmes convalescentes et pour des salles destinées à des nourrices et à des enfants nouveau-nés. C'est ce qui est d'ailleurs constaté dans les tableaux suivants relevés par les soins de M. le directeur de l'asile.

Températures observées en janvier 1861 dans les salles et les corridors du pavillon F de l'asile du Vésinet.

AILE GAUCHE.

DATES.	Galerie Sainte-Clotilde. Rez-de-chaussée.			Galerie Sainte-Élisabeth. Premier étage.			Galerie Sainte-Félicité. Deuxième étage.			TEMPÉRATURE extérieure.
	Numéros des salles.	Températures des salles.	Températures des corridors.	Numéros des salles.	Températures des salles.	Températures des corridors.	Numéros des salles	Températures des salles.	Températures des corridors.	
Janv. 9	1	17°	5°	1	15°	8°	1	15°	5°	matin 14°
	2	16		2	18		2	16		midi 7
	3	11		3	19		3	15		soir 9
	4	16		4	18		4	16		
15	1	14	4	1	16	7	1	16	3	matin 12
	2	13		2	17		2	16		midi 5
	3	10		3	21		3	15		soir 7
	4	11		4	14		4	14		
16	1	14	2,5	1	17	6	1	16	1,5	matin 12
	2	12		2	18		2	16		
	3	10		3	19		3	14		
	4	10		4	12		4	12		

AILE DROITE.

DATES.	Galerie Sainte-Marie. Rez-de-chaussée.			Galerie Sainte-Cécile. Premier étage.			Galerie Sainte-Marthe. Deuxième étage.			TEMPÉRATURE extérieure.
	Numéros des salles.	Températures des salles.	Températures des corridors.	Numéros des salles.	Températures des salles.	Températures des corridors.	Numéros des salles.	Températures des salles.	Températures des corridors.	
Janv. 9	1	13°	5°	2	14°	5°	2	12°	55	matin 14°
	2	15		3	14,5		3	10		midi 7
	5	13		5	11		5	11		soir 9
	6	16		7	16		7	15		
15	1	8	4	2	6	5	2	5	3	matin 12
	2	9		3	7		3	5		midi 5
	5	9,5		5	12		5	10		soir 7
	6	12		7	16		7	16		
16	1	6.	3	2	6	4	2	6	3	matin 12
	2	9		3	8		3	6		
	5	10		5	12		5	11		
	6	13		7	17		7	14		

Il est donc bien établi que, malgré l'accroisement successif du nombre des calorifères, les moyens de chauffage sont encore insuffisants pour la saison d'hiver, puisque dans certaines salles la température s'est abaissée à six, sept et huit degrés, et que, dans les corridors qui servent de promenoirs, elle est descendue à un degré cinq dixièmes, deux degrés cinq dixièmes.

33. *Excès de température de l'air affluent.*

D'autre part, si pour obvier à cette insuffisance on augmente l'intensité du feu, il en résulte des inconvénients graves qui m'ont été signalés dans une visite que j'ai faite le 31 octobre 1860 à l'asile.

M. le docteur Guionis, médecin de l'établissement, faisant sa tournée au moment de mon arrivée, je l'ai rencontré dans une des salles consacrées aux nourrices, au premier étage; il était accompagné de deux sœurs et de ses deux aides. — Il m'a été affirmé, tant par les femmes convalescentes que par M. Guionis et les autres personnes présentes, qu'il arrivait souvent que les femmes et surtout les enfants dont le lit était placé près des bouches de chaleur étaient tellement incommodés par la haute température de l'air affluent, que plusieurs fois l'on avait été obligé de les changer de place. Ce fait, analogue à celui qui m'avait été antérieurement signalé à l'hôpital Necker, pour des appareils du même constructeur, justifie pleinement les objections faites à l'emploi des calorifères à air chaud dans les hôpitaux, où il importe, plus que partout ailleurs, que l'air affluent soit pur et à une température modérée.

Enfin, si la disposition adoptée par M. Van Hecke et par laquelle ses calorifères et leurs tuyaux sont complétement isolés des parois de la chambre à air et de toute maçonnerie, permet d'utiliser de suite la chaleur qu'ils développent pour échauffer rapidement l'air que l'on veut envoyer dans les salles, elle offre l'inconvénient de rendre aussi le chauffage très-variable, selon l'activité du feu, et pour peu que le chauffeur se néglige, ce qui ne peut manquer d'arriver, surtout la nuit, il doit y avoir des alternatives fréquentes d'excès et d'absence de chaleur.

Toutes ces irrégularités ne se présentent pas au même degré dans les hôpitaux chauffés à l'aide de poêles à eau chaude par circulation d'eau ou de vapeur quand ils sont bien proportionnés; l'expérience a prouvé depuis longtemps que l'on pouvait en toute saison régler la température au degré voulu et lui donner la stabilité désirable. Par tous ces motifs, je ne puis donc que persister dans l'opinion que j'ai émise au sujet de l'emploi des calorifères à air chaud dans les hôpitaux, et en général dans tous les lieux habités où le chauffage doit être continué avec régularité et modération pendant un laps de temps considérable.

34. *De l'évacuation de l'air.*

L'on a vu plus haut quels étaient les résultats généraux des appareils de ventilation établis par M. Van Hecke; mais il nous reste encore à examiner comment les volumes d'air évacués sont répartis entre les diverses salles d'un même étage ou de différents étages.

L'air afflue dans les salles par des cheminées verticales pratiquées dans les murs de refend, et qui ont à droite et à gauche leur débouché à même hauteur dans les deux salles séparées par un même mur. Ces ouvertures circulaires sont munies d'un registre ou papillon de même forme, que l'on peut tourner à la main, de manière à découvrir ou à fermer en partie les huit secteurs ménagés dans les registres. Il en résulte, il est vrai, pour les malades, la facilité de modérer la chaleur des salles; mais ce n'est qu'aux dépens du volume d'air affluent.

Cette disposition, qui établit une communication directe d'une chambre à l'autre, présente des inconvénients et apporte dans certains cas un trouble complet, ou tout au moins une grande inégalité, dans la ventilation.

C'est ce que nous ont montré les expériences, ainsi qu'on peut s'en assurer par l'examen du tableau qui en contient les résultats.

Ainsi, par exemple, tandis que dans la première série, où le ventilateur agissait seul, l'on voit que dans la galerie Sainte-Clotilde, dont les salles nº 1, nº 2, et nº 3, contiennent chacune six lits, et ont deux cheminées d'appel, il a été évacué par ces cheminées.

	Nombre de lits.	Volume d'air fourni en 1''.	par heure et par lit.
		lit.	mc.
de la salle nº 1. . .	6	72,00	43,20
nº 2. . .	6	85,65	51,39
nº 2. . .	6	38,15	22,89

Dans la galerie Sainte-Élisabeth il est sorti :

	Nombre de lits.	Volume d'air fourni en 1''.	par heure et par lit.
		lit.	mc.
de la salle n° 1. . .	6	73l,13	43,88
n° 2. . .	6	98 ,40	59,04
n° 3. . .	6	99 ,00	59,40
n° 4. . .	6	78 ,88	94,66

Mais le fait le plus curieux et qui a été constaté dans les deux dernières séries d'expériences, c'est que, malgré la libre ouverture des deux cheminées d'évacuation de la salle n° 5 de la galerie Sainte-Marie du rez-de-chaussée, qui contient neuf lits, il ne s'y est fait par l'une des cheminées aucune évacuation d'air pendant une partie de la journée, et que les orifices d'introduction d'air chaud dans cette salle ne lui fournissaient rien.

Il est de plus remarquable que toutes les salles de cette galerie, malgré sa situation au rez-de-chaussée, n'ont fourni à l'évacuation qu'un volume d'air bien inférieur à celui des salles correspondantes des autres étages, et cependant les températures n'y étaient guère plus basses que celles des autres salles, puisque l'on y a fait les observations suivantes :

GALERIE SAINTE-MARIE. Rez-de-chaussée.			GALERIE SAINTE-CÉCILE. Premier étage.			GALERIE SAINTE-MARTHE Deuxième étage.		
Salle 4 . . .	18°	corridor 10°	Salle 5 . . .	15°,5	corridor 11°,5	Salle 5 . . .	17°	corridor 11°
Salle 5 . . .	15		Salle 6 . . .	16 ,0		Salle 6 . . .	19	
Salle 6 . . .	17		Salle 7 . . .	18 ,5		Salle 7 . . .	15	
			Salle 8 . . .	17 ,0		Salle 8 . . .	»	

Il suit donc de ces remarques, que nous pourrions multiplier, que le renouvellement de l'air dans les salles est très-irrégulièrement assuré, et que, quand certaines salles fournissent à l'évacuation 94mc,66 par heure et par lit, d'autres n'en donnent que 22mc,89, et quelques-unes point du tout.

Si l'évacuation de l'air à un même étage est irrégulière, on voit qu'il en est à peu près de même en prenant les résultats moyens par étage et par lit. Aussi, en réunissant les volumes d'air évacués à chaque étage et à chaque galerie par les cheminées des chambres de ces galeries, l'on forme le tableau suivant :

Résumé des résultats des observations faites le 29 janvier 1861 sur les effets de la ventilation dans les salles du bâtiment F de l'hospice du Vésinet.

GALERIE SAINTE-CLOTILDE Rez-de-chaussée			GALERIE SAINTE-ÉLISABETH 1er étage.			GALERIE SAINTE-FÉLICITÉ 2e étage.		
Nombre de lits.	Volume d'air évacué en 1 heure. Total	par lit et par heure.	Nombre de lits.	Volume d'air évacué en 1 heure. Total	par lit et par heure.	Nombre de lits.	Volume d'air évacué en 1 heure. Total	par lit et par heure.
	m. c.	m. c.		m. c.	m. c.		m. c.	m. c.
21	960,05	45,71	21	1257,87	59,90	21	1177,78	56,09
GALERIE SAINTE-MARIE Rez-de-chaussée.			GALERIE SAINTE-CÉCILE 1er étage.			GALERIE SAINTE-MARTHE 2e étage		
	m. c.	m. c.		m. c.	m. c.		m. c.	m. c.
19	1188,68	62,56	20	1572,70	78,63	20	1572,34	78,61

35. *Conséquences de ces résultats.*

L'examen de ce résumé ainsi que celui des résultats comparatifs des salles d'un même étage montrent que la ventilation n'est pas régulière par salle et surtout par lit, puisque la moyenne pour un même étage varie de 45^{mc},71 par heure et par lit jusqu'à 78^{mc},63, et que d'une salle à l'autre d'un même étage elle varie du simple au triple.

Malgré leur irrégularité ces volumes d'air évacués seraient en moyenne suffisants si les conditions du marché, que je ne connais pas, avaient fixé les volumes d'air à extraire des salles à 30^{mc} par heure et par lit.

36. *Instabilité de la ventilation.*

Les circonstances que nous avons signalées plus haut montrent que la ventilation dans les différentes salles est loin d'être régulière, mais elle a en outre le défaut très-grave d'être très-peu stable et soumise à l'action perturbatrice des vents. L'isolement des cheminées, qui débouchent toutes séparément dans les greniers à hauteur de leur sol, est la cause de ces deux inconvénients, que j'ai déjà signalés tant pour l'asile du Vésinet que pour l'hôpital Necker.

Il résulte, en effet, de la faiblesse et de l'irrégularité du tirage de ces cheminées, où la vitesse n'est en moyenne que de $0^m,60$ à $0^m,70$ ou 1 mètre, et descend souvent bien au-dessous de ces valeurs, que, par les vents violents d'ouest et du sud-ouest, l'air est refoulé dans les salles. Je l'avais constaté antérieurement par les renseignements pris auprès des femmes convalescentes, et le fait m'a été de nouveau confirmé le 31 octobre 1860 par M. le docteur Guionis, médecin de l'hospice, par les sœurs et par les aides du médecin, qui m'ont unanimement déclaré que ces rentrées d'air étaient parfois assez fortes pour qu'on fût obligé de faire changer de lit les malades qui étaient placées près des bouches d'appel de l'air.

Ce défaut, qui tient, ainsi que je l'ai dit, à la faiblesse de l'aspiration, pourrait être corrigé en réunissant, comme je l'ai indiqué, tous les débouchés des cheminées dans des conduits qui mèneraient l'air dans une cheminée générale d'appel convenablement construite et qui devrait être chauffée, l'hiver, au moins, par les tuyaux de fumée des calorifères, s'il est encore possible de modifier les dispositions existantes. Mais pour la ventilation de nuit si nécessaire l'été, il serait indispensable de recourir à des dispositions spéciales, telles qu'un foyer ou des becs de gaz auxiliaires.

37. *Conclusions générales.*

En résumé, toutes les expériences dont je viens de faire connaître les résultats, et qui ont été exécutées avec le concours de M. Tresca, en présence de M. Laval, architecte de l'établissement, et de M. le docteur Van Hecke (pour la première série), prouvent d'une manière que je regarde comme incontestable :

1° Que l'usage d'un ventilateur pour l'introduction et l'évacuation de l'air dans les salles est complétement inutile pendant la saison d'hiver, alors que l'on peut utiliser les effets d'aspiration que produit la dilatation de l'air;

2° Que dans l'état actuel des dispositions locales, cet appareil n'exerce qu'une très-faible influence sur l'arrivée de l'air dans la chambre des calorifères, et que l'aspiration, favorisée par de bonnes dispositions, y ferait seule arriver autant d'air ;

3° Que la ventilation est irrégulière, et n'a pas la stabilité suffisante, par suite de l'absence d'une cheminée générale d'évacuation convenablement construite et chauffée ;

4° Que la température, bien qu'uniformément répartie lorsque celle de l'air extérieur est modérée, n'est pas suffisante en temps d'hiver, et que, dans cette saison, l'air affluent dans certaines salles est souvent beaucoup trop chaud ;

5° Que le volume d'air fourni et évacué n'est pas assez également réparti, et que parfois la ventilation de certaines salles est tout à fait nulle, ce qui tient aux communications directes établies à tort entre les salles contiguës.

Les observations dont on vient de discuter les conséquences ayant été faites l'hiver, il y a lieu de limiter les conclusions précédentes à la saison pendant laquelle les calorifères sont en activité. Un nouvel examen serait nécessaire pour constater les effets de la ventilation dans la saison d'été.

---

1. *Expériences sur les appareils de chauffage par circulation d'eau chaude et de ventilation par aspiration établis à l'hôpital Lariboisière. — Description des appareils.*

L'on connaît la disposition générale des appareils dont nous voulons nous occuper dans cette note ; mais il ne sera pas inutile d'indiquer en quelques mots quelles sont en particulier celles des pavillons de l'hôpital Lariboisière où l'on a appliqué ce système de chauffage et de ventilation.

La chaudière qui fournit au service général de la circulation d'eau est située dans les caves, et de son sommet part un tuyau qui se prolonge en forme de serpentin dans la cheminée d'évacuation de la fumée. — Ce tuyau, par lequel l'eau chaude mêlée de vapeur s'élève aux parties supérieures, arrive dans le grenier où il se bifurque pour conduire l'eau dans les récipients disposés au bas de la cheminée d'appel.

Ces poêles ou récipients d'eau chaude sont au nombre de dix-sept dont :

1 au centre présentant une surface de chauffe	4^{mq},1819
8 autour du précédent, surface de chauffe	16 ,3656
8 répartis par groupes de 4 à droite et à gauche, surface de chauffe.	66 ,9784
	87^{mq},5259

Les neuf premiers réservoirs servent à l'échauffement de la cheminée pendant la saison d'hiver, où l'on dispose ainsi dans cette cheminée d'une surface de chauffe de 20^{mq},5475. Les huit autres, qui peuvent être mis en service par groupes de quatre ou tous ensemble, permettent d'élever, selon les besoins, la surface de chauffe à 54^{mq}, 0367 et à 87^{mq},5259. Cette surface totale a été proportionnée pour assurer le service de la ventilation d'été.

Les communications entre les divers récipients peuvent être à volonté établies ou interrompues par des robinets.

Du récipient central partent quatre tuyaux de retour indépendants, dont trois sont destinés à conduire l'eau de circulation à chacun des étages, et le quatrième à la ramener, si l'on veut, directement à la chaudière, lors du service d'été où l'on ne chauffe pas les salles.

Chacun des tuyaux de circulation destiné à un étage y arrive dans un caniveau pratiqué sous le plancher dans l'axe des salles, et débouche dans une sorte de petit réservoir allongé qu'on nomme bouteille. — De ce réservoir partent deux autres tuyaux qui, suivant le caniveau, conduisent l'eau chaude, l'un dans les deux poêles les plus voisins, et l'autre dans les deux derniers de chaque salle. Sur le parcours de ces tuyaux sont disposées d'autres bouteilles destinées à augmenter la surface de chauffe dans le caniveau et à y accroître la température de l'air affluent.

Les poêles à eau chaude de ce système sont cylindriques, en tôle et traversés par des tuyaux réservés pour le passage de l'air. — Ces tuyaux sont au nombre de treize, dont un au centre de 0^{m},38 de diamètre, et 12 au pourtour de 0^{m},10 de diamètre intérieur, mais dont l'orifice n'a au débouché que 0^{m},084 de diamètre. — L'eau chaude arrive d'un côté dans le fond de ces poêles, y circule et s'échappe de l'autre côté par un tuyau de retour qui la conduit au poêle suivant ou la ramène à la chaudière.

L'on voit par cette disposition que l'on peut chauffer à volonté deux ou quatre poêles dans chaque salle, établir ou interrompre la circulation pour chacune des salles. L'on peut même, en ouvrant plus ou moins les robinets de circulation dans chacun des tuyaux de retour partant des récipients supérieurs, accélérer ou ralentir dans chacun d'eux la circulation de l'eau.

L'air nouveau, qu'il est nécessaire de faire arriver dans les salles, y est à chaque étage introduit par des orifices pratiqués au droit des murs d'appui des fenêtres sur chacune des faces longitudinales des pavillons; il est conduit au caniveau central par d'autres caniveaux plus ou moins courbes, et de là passe dans les tuyaux d'échauffement des poêles. — D'autres conduits d'arrivée sont en outre disposés aux extrémités des salles et y amènent de l'air appelé de l'extérieur

L'air vicié qu'il faut extraire des salles est appelé par des cheminées verticales pratiquées dans les trumeaux, une pour chaque étage et au nombre de dix-huit pour chaque salle, plus une pour une chambre à deux lits réservée dans chaque pavillon.

Les trois conduits pratiqués dans chaque trumeau débouchent séparément au grenier dans un conduit qui réunit l'air qu'ils amènent et qui se rend dans la cheminée d'appel, où il s'échauffe encore et acquiert ainsi une densité moindre, qui détermine son écoulement par cette cheminée à la vitesse convenable.

Tous ces conduits sont soigneusement recouverts d'un enduit en plâtre peu conducteur; le grenier est exactement fermé et il y règne habituellement l'hiver une température notablement supérieure à celle de l'air extérieur, ce qui évite ou atténue le refroidissement de l'air appelé.

Outre le foyer principal et sa chaudière, il y a aussi un autre appareil de chauffage à circulation qui sert à chauffer des étuves, à fournir l'eau des bains et qui peut, au besoin, être mis en communication avec le serpentin du chauffage général. — Ce dernier appareil sert à assurer la ventilation quand on ne chauffe pas et que la température est modérée. — Son effet peut être accru de toute la puissance de l'appareil principal, lorsque l'élévation de la température oblige à donner à l'aspiration toute son énergie.

L'on voit par cette description, que nous avons cherché à rendre aussi succincte que possible, que le jeu de cet appareil peut être très-varié, qu'il se prête à beaucoup de circonstances diverses, mais que, pour en étudier les effets dans chaque cas particulier, il faut régler sa marche d'une manière convenable; sans quoi des observations, exactes en elles-mêmes, pourraient conduire à des appréciations fausses.

Passons maintenant aux expériences que nous avons exécutées dans le cours de cet hiver.

2. *Expériences d'ensemble sur le volume d'air fourni par les poêles du pavillon n° 4 de l'hôpital Lariboisière.*

Le volume d'air neuf qui peut être introduit dans les salles de cet hôpital a été l'objet d'appréciations assez diverses, et quoiqu'en définitive la discussion ait pu montrer que tous les résultats obtenus ne différaient pas autant les uns des autres, eu égard aux différences de température au moment des observations, qu'on pouvait le supposer, il m'a paru indispensable d'entreprendre une série d'expériences directes qui fussent à l'abri des objections que l'on pouvait adresser aux précédentes.

A cet effet, et pour ne laisser aux constructeurs aucun prétexte pour atténuer les conséquences des résultats, en même temps que pour être certain d'opérer sur ces appareils dans des conditions où ils pouvaient produire tout leur effet relativement à la saison où je voulais opérer, j'ai invité M. L. Duvoir à faire visiter tous les poêles et récipients, à les faire nettoyer et à régler la circulation de l'eau de manière qu'elle se fît avec toute la régularité possible.

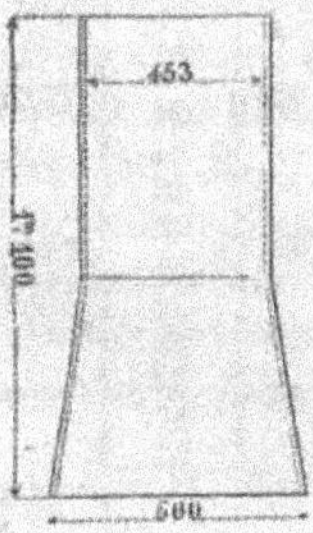

Fig. 1.

Pour l'exécution même des expériences, l'on a employé un tuyau en zinc, dont la figure ci-contre indique les dimensions, et qui était terminé par une partie cylindrique de $0^m,60$ de hauteur, et dont la section transversale égale à $0^{mq},1611$ était à très-peu près la même que la somme des sections de tous les tuyaux des poêles, égale à $0^{mq},1797$. L'on a enlevé les couvercles pour éviter les effets d'obstruction qu'ils occasionnaient, ainsi que toutes les chicanes qui existaient dans les poêles.

D'une autre part, l'on a veillé à ce que rien ne fût changé dans le mode habituel de chauffage et à ce que la température des salles ne dépassât pas celle de 15 à 16 degrés, qui est prescrite par les marchés, afin de ne pas donner à l'aspiration une énergie supérieure à celle qu'elle doit avoir habituellement. Dans le fait cette température n'a été, comme on le verra, que de 15°.

L'on a eu d'ailleurs soin de ne laisser aucune porte ouverte d'une manière permanente, sans toutefois interrompre la circulation ordinaire.

Ces dispositions prises, l'on a fait successivement des observations sur chacun des quatre poêles de chaque salle du pavillon n° 3, et ensuite l'on a déterminé le volume d'air total écoulé par la cheminée générale d'appel.

Les expériences ont été répétées les 11 et 20 janvier 1861, et les résultats sont consignés dans le tableau suivant :

Expériences faites à l'hôpital Lariboisière sur les volumes d'air écoulé par les poêles et par la cheminée générale d'appel du pavillon n° 3, chauffé et ventilé par circulation d'eau et par appel, le 11 janvier 1861.

EMPLACEMENT et DÉSIGNATION des poêles.		NOMBRE de tours de l'anémomètre en 1''.	VITESSE de l'air en 1''.	VOLUME d'air écoulé en 1 h.	TEMPÉRATURES			VOLUME d'air écoulé total par salle.
					extérieure.	dans les salles.	dans les poêles.	
			m.	mc.				mc.
Rez-de-chaussée.	1	5,33	0,61	353	— 5°	+ 15°	27°	2122
	2	9,76	1,00	580			30	
	3	11,36	1,14	661			32	
	4	8,71	0,91	528			34	
Premier étage.	1	3,86	0,48	278	— 5	+ 15	26	1911
	2	10,21	1,04	603			26	
	3	7,63	0,81	468			31	
	4	9,41	0,97	562			32	
Deuxième étage.	1	4,58	0,54	313	— 5	+ 15	25	2097
	2	11,16	1,13	655			22	
	3	11,43	1,15	666			21	
	4	7,55	0,80	463			33	
Total pour le pavillon. . . .				6130	. . . .	. . . .	. . . .	6130
Chemin. gén. d'appel		14,18	1,39	12808	— 5	+ 15	19	

OBSERVATIONS. — Les numéros d'ordre des poêles indiquent leur position à partir de la porte d'entrée.

La section du tuyau dans lequel l'anémomètre était placé est égale à $0^{mq},1611$.

Formule de l'anémomètre : $V = 0^{m},1392 + 0,08852\ N$.

Section de la cheminée : $2^{mq},360$.

Le 20 *janvier* 1861.

EMPLACEMENT et DÉSIGNATION des poêles.		NOMBRE de tours de l'anémomètre en 1".	VITESSE de l'air en 1".	VOLUME d'air écoulé en 1"		TEMPÉRATURES		
				par poêle.	total par étage.	extérieure.	dans la salle.	dans les poêles.
			m.	m. c				
Rez-de-chaussée.	1	5,93	0,66	382	2005	— 2	15°	29°
	2	9,55	0,98	529				32
	3	9,17	0,95	551				32
	4	9,05	0,94	543				35
Premier étage.	1	3,58	0,45	259	1751	— 2	15°	19
	2	9,78	1,00	580				23
	3	8,03	0,85	489				28
	4	6,75	0,73	423				30
Deuxième étage.	1	4,77	0,56	324	2130	— 2	15°	25
	2	11,48	1,15	666				33
	3	12,85	1,28	744				28
	4	6,27	0,69	399				32
Total pour les trois étages. . .					5886			
Cheminées générales.		12,50	1,24	10533		— 2	15°	18[1]

[1] Dans la cheminée générale.

3. *Conséquences de ces deux séries d'expériences.*

Les résultats consignés dans ces deux tableaux d'expériences montrent d'abord que les volumes d'air nouveau fourni par les poêles du pavillon n° 3, dans des conditions de chauffage très-modéré, ont été :

Au rez-de-chaussée	2122 mèt. cubes.	2005 mèt. cubes.
Au premier étage.	1911 — —	1751 — —
Au deuxième étage	2097 — —	2130 — —
Total pour les trois étages.	6130 mèt. cubes.	5886 mèt. cubes.
Moyenne des deux forces. . . .	6008 mèt. cubes.	

Il y a 32 lits par salle ou 96 pour les trois salles. Le volume d'air nouveau fourni par les poêles a donc été de 62^{mc},58 par heure et par lit.

Si le chauffage avait été fourni plus activement de manière à obtenir, comme cela arrive habituellement dans les pavillons chauffés à la vapeur et ventilés par insufflation du même hôpital, une température de 19° dans les salles et surélevée à proportion dans la cheminée générale, il est incontestable que le volume d'air introduit aurait été encore plus considérable.

4. Répartition de l'air aux différents étages.

En examinant les volumes d'air totaux introduits à chaque étage, l'on reconnaît qu'ils s'approchent à peu près autant de l'égalité qu'on peut l'espérer dans de semblables circonstances.

5. Comparaison des volumes d'air fournis par les différents poêles d'une même salle.

L'on remarque, au contraire, des différences considérables entre les volumes d'air introduits dans une même salle par les différents poêles. Les poêles n° 1 à tous les étages ne donnent la plupart que 0.40 à 0.50 du volume fourni par les poêles n° 2 et n° 3, dont les produits diffèrent peu, et les poêles n° 4 fournissent seulement environ les 0.66 du produit des poêles n° 2 et n° 3.

Ce résultat, qui aurait pu être évité, provient sans doute de quelque différence dans la facilité de la circulation de l'air par les poêles.

Quoi qu'il en soit de ce défaut, qui n'est pas inhérent au système, l'on voit que le renouvellement de l'air par les poêles est abondant et régulier.

6. Rapport du volume d'air introduit par les poêles aux températures extérieure et intérieure.

Les tableaux montrent que dans les expériences du 11 janvier la température extérieure était de — 5° et la température intérieure des salles de + 15°; il en résultait une différence de 20°, qui produisait l'appel avec une énergie suffisante.

Sans vouloir pour le moment comparer les effets aux surfaces de chauffe, nous nous bornerons à faire remarquer que pour des températures extérieures plus élevées, la température des salles ne devant guère monter au delà de 18° l'appel des poêles diminuerait d'énergie et qu'il faudrait y remédier. Les moyens en sont faciles, puisque pour ces circonstances l'on peut augmenter dans des proportions considérables la surface de chauffe des récipients supérieurs d'appel, et qu'on peut aussi augmenter les orifices d'admission de l'air extérieur.

7. *Ventilation générale.*

Le résultat le plus remarquable de ces expériences c'est l'effet de la ventilation générale produite par la cheminée de ces pavillons, par suite de sa construction assez convenable et de l'action échauffante du récipient d'eau chaude, qui reçoit sans cesse l'eau envoyée par la chaudière.

L'on voit, en effet, que l'on a observé l'écoulement des volumes suivants par cette cheminée.

Le 11 janvier 1860 12808^{mc} par heure, température extérieure —5°
Le 20 » 10533 » » —2°

Ces chiffres, pour des pavillons qui contiennent en tout 102 lits, correspondent respectivement à une extraction d'air des salles de 125^{mc},50 et de 103^{mc},20 par heure et par lit.

Si l'on se rappelle que M. Grassi a trouvé, en décembre 1855, par une température extérieure de + 4° et une température intérieure des salles de + 16°, une évacuation de 11664^{mc} et de 11160^{mc} par heure ou en moyenne de 111^{mc},78 par heure et par lit, l'on voit que, quoique les différences de température exercent sur cet appel une influence considérable, le volume d'air extrait des salles excède de beaucoup la limite de 60^{mc} par heure et par lit qui avait été fixée, chiffre que je ne regarde d'ailleurs que comme à peine suffisant.

8. *Observation relative à l'action de la cheminée générale d'appel.*

C'est ici le lieu de faire remarquer que l'action de la cheminée générale d'appel donne à la ventilation et à l'évacuation de l'air vicié des salles une stabilité qu'elle n'a pas et qu'elle ne saurait avoir dans les autres appareils de ventilation, où l'on s'est privé de cette ressource naturelle. Ainsi, tandis que dans les pavillons du même hôpital ventilés par insufflation l'ouverture des portes et des fenêtres et l'action extérieure du vent troublent complétement l'évacuation de l'air et parfois produisent des rentrées en sens contraire, ainsi que cela résulte des expériences de M. Grassi et surtout de celles de MM. Trélat et H. Péligot, il arrive au contraire que l'appel de cette cheminée produit dans les salles un renouvellement d'air d'autant plus grand qu'il y a plus de portes et de fenêtres ouvertes et en double parfois le volume, ce qui donne pour la ventilation d'été, pendant le jour, des facilités naturelles très-grandes et indique pour celle de nuit un moyen aussi simple qu'économique, et qui consiste à ménager dans toutes les salles des ouvertures auxiliaires d'admission de l'air frais, ainsi que nous l'avons proposé dans un rapport fait à M. le préfet de la Seine à la date du 22 juillet 1860.

Nous devons cependant ajouter que l'on mettrait encore mieux les cheminées à l'abri de l'action défavorable du vent en les surmontant de mitres mobiles à girouette qui, en s'orientant, favoriseraient même l'appel de l'air et utiliseraient à cet effet l'action du vent.

9. *Des mesures à prendre pour assurer en tous lieux le renouvellement de l'air.*

Il importe de remarquer que dans les conditions de température extérieure et intérieure où nous avons opéré, il existait entre la température de 15° des salles et celle de l'air extérieur à — 5 et à — 2° une différence de 20 et de 17°, et entre la température de l'air de la cheminée à 19 et 18°, et avec celle de l'air extérieur une différence de 24 et de 20°, ce qui était éminemment favorable à l'action des appels naturels. Or, dans d'autres saisons, les circonstances pouvant être tout autres, il n'est pas étonnant que ces différences jointes à d'autres causes inaperçues peut-être par les observateurs, telles que le nombre des récipients supérieurs en activité, des résultats beaucoup moins favorables aient été constatés. Mais il ne s'ensuit pas pour cela que le système soit défectueux, et il faut examiner quelles précautions il y a lieu de prendre pour lui assurer en tout temps une efficacité proportionnée aux besoins.

L'appel de l'air et son écoulement par les cheminées d'évacuation des salles et par la grande cheminée générale étant déterminé par l'excès de densité de l'air extérieur sur celui que contiennent les salles et ces cheminées, il est évident qu'il convient de rechercher les moyens d'obtenir la même différence de densité en toutes saisons pour obtenir le même résultat; c'est à quoi l'on peut parvenir par la bonne proportion des appareils placés dans la cheminée d'appel et par une conduite convenable du feu

Remarquons d'abord que dans l'expérience du 11 janvier la

température de l'air extérieur était de — 5° et la densité de cet air égale à

$$\frac{1,298}{1-0,003665\times 5}=1^{k},322 \text{ au mètre cube,}$$

tandis que dans la cheminée la température de l'air était de + 30° et la densité correspondante égale à

$$\frac{1,298}{1+0,003665\times 30}=1,169.$$

La différence de densité ou de pression par mètre carré et par mètre de hauteur de la cheminée d'appel entre l'air extérieur et l'air dans la cheminée était donc de

$$1^{k},322-1^{k},169=0^{k},153.$$

C'est cette différence qu'il importe de rendre constante pour avoir un appel de même énergie dans tous les cas.

Si l'air extérieur est à + 10°, sa densité sera

$$\frac{1,298}{1+0,003665\times 10}=1^{k}252,$$

et si l'air de la cheminée était à 50°, sa densité serait

$$\frac{1,298}{1+0,003665\times 50}=1^{k},097.$$

La différence de ces deux densités serait donc

$$1^{k},252-1^{k},097=0^{k},155,$$

c'est-à dire à peu près la même que dans l'expérience du 11 janvier.

Enfin, en supposant que dans l'été où l'on n'a besoin de s'occuper que de la ventilation de nuit, puisque celle de jour se fait par les portes et les fenêtres ouvertes, la température de l'air soit la nuit de 15°, la densité de cet air extérieur serait

$$\frac{1,298}{1+0,003665\times 15}=1^{k},230.$$

En échauffant l'air de la cheminée à 55°, sa densité serait

$$\frac{1,298}{1+0,003665\times 55}=1^{k},080,$$

et la différence de densité entre l'air extérieur et celui de la cheminée serait encore

$$1^k,230 - 1^k,080 = 0^k,150.$$

Or, la température des poêles de la chambre et de la cheminée générale d'appel peut s'élever à 70 ou 80° et même peut-être plus haut. Les surfaces de chauffe peuvent varier de $20^{mq},5475$, qu'elles étaient cet hiver, jusqu'à $27^{mq},5259$; il est donc assez naturel de penser qu'à l'aide de ces ressources, la température de l'air contenu dans cette chambre et dans la cheminée pourra s'élever à 50° et 55°. Il est cependant à craindre que la disposition défavorable donnée aux récipiens d'eau chaude ne permette pas de dépasser la température de 40° malgré leur grande surface de chauffe. C'est ce que nous nous proposons de vérifier cet été à l'époque des chaleurs.

Il a d'ailleurs été constaté dans la nuit du 4 au 5 octobre 1857, par M. Grassi, lorsque la température extérieure était de 14° 2, celle des salles de 18° 2, et celle de la chambre chaude de 34° 5 seulement, que le volume d'air sorti par heure par la cheminée générale d'appel était de $9194^{mc},4$ par heure, ou de $90^{mc},1$ par heure et par lit, et cependant la densité de l'air extérieur n'était que de

$$\frac{1,298}{1+000\ 3,665 \times 44°5} = 1^{\text{kil}}.\ 234;$$

tandis que celle de l'air de la chambre chaude était égale à

$$\frac{1,298}{1 \times 0.00\ 365 \times 34°5} = 1^{\text{kil}}.\ 153.$$

La différence de ces densités n'était donc que :

$$1^{\text{kil.}},234 = 1^{\text{kil.}},153 = 0^{\text{kil}},081,$$

et cependant le volume d'air évalué a été trouvé égal à $9194^{mc},4$ par heure.

L'on voit donc que par une bonne conduite des appareils, l'on peut déjà obtenir entre l'air extérieur et celui de la cheminée des différences de densités qui assureraient à elles seules la ventilation sans chauffage à des moments très-défavorables, et alors que la nuit les portes des salles devaient être fermées.

Il convient d'ailleurs de rappeler, ainsi que nous venons de le faire, que le constructeur s'est réservé les moyens de faire varier selon les températures extérieures et les besoins du service les surfaces de chauffe des récipients placés dans la cheminée générale d'appel.

En effet, les poêles ou récipients d'eau placés dans cette cheminée sont, comme on l'a dit, au nombre de 17 l'une :

L'un central offre une surface de chauffe, de.	4^{mq},1819
La première série extérieure des 8 poêles A a une surface totale de.	66 ,9784
La deuxième série de 8 poêles B, plus petits, a une surface totale de.	16 ,3656
La surface totale est donc de.	87^{mq},5259

Lorsque l'on fait circuler l'eau dans une partie ou dans la totalité de ces poêles l'on peut faire varier entre des limites très-étendues la surface de chauffe, et par conséquent la température dans la cheminée.

Lors des expériences des 11 et 20 janvier dernier, le poêle central et les petits poêles B étaient seuls en service, et par conséquent la surface de chauffe n'était en tout dans la cheminée d'appel que de 20^{mc},5475. Il est donc permis de penser qu'en employant tous les récipients y produisant une circulation active d'eau chaude, l'on pourra obtenir pendant les soirées et les nuits d'été une ventilation suffisamment active, surtout si les orifices d'admission et de l'air sont convenablement multipliés.

Nous devons toutefois répéter que les conditions locales ont obligé les constructeurs à limiter beaucoup trop la hauteur de la cheminée générale d'une machine, et à disposer les récipients d'eau chaude qu'elle contient d'une manière très-défavorable à l'utilisation de la surface considérable de chauffe qu'ils développent, ce qui s'oppose sans doute l'été à ce que la température puisse atteindre même 40° dans cette cheminée d'évacuation.

10. *Orifices accessoires.*

Il y a d'ailleurs bien des moyens auxiliaires très-simples qui, en facilitant l'accès de l'air, accroîtraient beaucoup le volume d'air frais introduit dans les salles et par suite celui de l'air évacué par la cheminée générale. L'un des plus faciles à appliquer, et que j'ai déjà indiqué dans le rapport sur les projets de ventilation relatifs au palais de justice, consiste à ouvrir à chaque étage sous les planchers et entre les poêles des conduits d'introduction de l'air extérieur débouchant sur les deux faces des pavillons et qui mèneraient dans les salles un surcroît d'air frais égal à celui qui y pénètre par les poêles. Le nombre et la grandeur de ces conduits pourraient être tels que le volume d'air admis fût accru dans une proportion aussi grande qu'on le jugerait nécessaire.

11. *Emploi de la chaleur développée par des becs de gaz.*

Enfin j'ai indiqué déjà le parti que l'on pourrait tirer de la chaleur développée par la combustion du gaz d'un certain nombre de becs auxiliaires, et comme j'en ferai le sujet d'une note spéciale, dans laquelle je rapporterai les résultats des expériences que j'ai fait exécuter, je me borne pour le moment à rappeler l'usage de ce moyen aussi commode qu'énergique.

12. *Des diverses circonstances qui peuvent influer sur le volume d'air fourni par les appareils de chauffage.*

Quelques constructeurs, pour accroître la température de l'air qui traverse leurs appareils de chauffage, ont cherché à ralentir sa vitesse de passage sans se préoccuper assez de la diminution qui pouvait en résulter dans le volume de cet air. Quand il ne s'agit que du chauffage, les dispositifs plus ou moins capricieux que l'on emploie en pareil cas ne présentent guère d'inconvénients, l'élévation de température de l'air compensant la diminution de son volume. Mais lorsque le chauffage est combiné avec la ventilation, il n'en est plus de même, et il est bon de tenir compte de l'effet de ces chicanes. C'est ce que j'ai cru nécessaire de faire en particulier pour celles que M. L. Duvoir a établies dans les poêles de l'hôpital Lariboisière.

Ce constructeur, pour assurer l'échauffement de l'air qui traverse le tuyau central de son poêle, lequel avait 0m,380 de diamètre extérieur, y a disposé trois ou quatre chicanes dont la présence nuit au mouvement de l'air et tend à diminuer le volume d'air neuf qui afflue dans les salles. Cela me semble une erreur fâcheuse en pareil cas, surtout pour la saison d'été, pendant laquelle l'on doit certainement oublier souvent d'enlever ces chicanes.

D'après une expérience que j'ai fait faire, la présence de ces entraves occasionnerait dans le débit d'un poêle une diminution qui pourrait s'élever à 10^{mc} par heure, ou pour les quatre poêles d'une même salle à 160^{mc}, ce qui est presque le volume d'air neuf à fournir à trois lits ou environ 0.08 du volume d'air fourni par salle.

13. *Disposition vicieuse des couvercles.*

Non-seulement les couvercles des poêles et leur grillage ne laissent à l'air qu'un passage d'une superficie notablement moindre que la somme des sections transversales des tuyaux; mais encore, pour y adapter ce grillage, on l'a monté sur un cercle en tôle, qui descend de champ au-dessous du couvercle et vient obstruer le débouché des petits tuyaux. Aussi l'ensemble de ce dispositif joint à l'effet des chicanes produit-il une réduction d'environ 85^{mc} par heure dans le débit d'un poêle, ou de 300 à 340^{mc} par salle, ce qui est l'équivalent du volume d'air neuf à fournir pour six lits ou environ 0.15 à 0.17 du volume total fourni à une salle.

14. *Influence des toiles d'araignée.*

Enfin, chose assez singulière, malgré le mouvement de l'air, il se forme dans les petits tuyaux de ces poêles des toiles d'araignée, sur lesquelles la poussière vient se déposer, et qui peuvent obstruer complétement ces passages, ainsi que j'ai eu l'occasion de le constater. C'est aussi ce qui a été observé par feu M. le colonel du génie Livet à la prison Mazas.

15. *Conséquences de ces observations.*

Il résulte donc de ce qui précède que, quand on veut apprécier à leur vraie valeur de semblables appareils, l'on ne saurait les examiner avec trop de soin et qu'il faut tenir compte de toutes les circonstances accidentelles qui peuvent se présenter, ainsi que j'ai cherché à le faire dans les expériences dont j'ai rapporté les résultats au commencement de cette note.

16. *Expériences sur l'influence des différents modes d'observation employés pour déterminer le volume d'air fourni par les poêles.*

La disposition des poêles ou des dispositifs qu'on leur substitue, tels que bouches de chaleur, etc., pour faire arriver dans les salles l'air chaud des calorifères, présente souvent beaucoup de difficulté pour la détermination des volumes d'air réellement introduits et la rend même souvent impossible. Elle oblige la plupart du temps à adopter pour les observations des moyens plus ou moins sujets à induire en erreur les expérimentateurs les plus soigneux, ce qui conduit à des divergences d'opinion regrettables.

Les poêles à eau, chauffés par circulation d'eau, établis à l'hôpital Lariboisière offrent un exemple de ces difficultés. Ils ont tous un couvercle percé d'une ouverture garnie d'un grillage, et tellement disposée qu'elle fournit à l'écoulement de l'air un obstacle directement opposé à son débouché, et que la somme des passages libres y est sensiblement moindre que la somme des sections transversales des tuyaux.

La grille placée sur les couvercles ou sur les bouches de chaleur présente un empêchement assez sérieux à l'emploi des anémomètres. Quand on l'enlève, les tuyaux de passage de l'air sont souvent assez petits pour qu'il soit difficile d'y introduire les instruments ordinaires.

L'on a recours alors à diverses dispositions accessoires, et entre autres à l'emploi d'un tuyau placé sur le couvercle ou sur le poêle et par lequel l'on oblige tout l'air fourni par l'appareil à passer. Mais l'usage de ce tuyau doit être réglé avec soin, pour ne pas conduire à des erreurs plus ou moins graves.

Il est, pour ainsi dire, évident qu'il convient de le disposer de façon qu'il n'apporte aucun obstacle au mouvement de l'air, et qu'une portion de sa longueur ait une forme cylindrique sur une étendue telle que le parallélisme des filets s'y établisse assez exactement pour qu'en multipliant l'aire de section de cette partie par la vitesse observée, l'on puisse en déduire avec l'approximation convenable le volume d'air écoulé. Mais il importe surtout que l'aire de la section d'écoulement soit au moins égale à la somme de toutes les sections offertes à son passage à travers les poêles ; sans cette-précaution, l'on s'expose à commettre involontairement des erreurs graves dans l'appréciation des volumes d'air.

Mais quel est le rapport qui s'établit entre les sections des tuyaux et le volume d'air qui les traverse sous l'influence de causes extérieures constantes, ou pour préciser davantage la question dans le cas actuel, les pressions ou les températures extérieures et intérieures restant les mêmes, quel est le rapport des sections de passage et du volume d'air écoulé ?

L'on conçoit, en effet, que, quand une colonne d'air en mouvement dans un tuyau rencontre un rétrécissement de section plus ou moins bien raccordé avec les parois, il doit s'y produire, d'une part, des remous, des tourbillonnements qui occasionnent une perte de force vive ou de travail, et de l'autre une augmentation de la pression en amont de l'orifice. — Ce dernier effet détermine un accroissement de la vitesse; mais la force vive perdue dans les tourbillonnements ne pouvant l'être qu'aux dépens de celle que possédait le fluide à une certaine distance, en amont de l'orifice, il s'ensuit nécessairement que la force vive de sortie doit être moindre que celle qui avait lieu dans le tuyau, ce qui implique une diminution dans le volume d'air écoulé.

Quoique ces conclusions soient parfaitement conformes aux principes de la science, il était nécessaire de leur donner la sanction de l'expérience, et surtout de déterminer par l'observation dans quelle proportion se produisent l'accroissement de la vitesse et la diminution du volume.

17. *Expériences spéciales sur l'effet du rétrécissement du débouché des cheminées.*

Cette question, qui ne s'était présentée à mon attention qu'accidentellement à l'occasion des expériences faites sur les appareils de chauffage de l'hôpital Lariboisière, étant d'ailleurs très-importante au point de vue du tirage des cheminées, il m'a paru nécessaire de faire exécuter quelques recherches directes sur l'influence du rétrécissement du débouché des cheminées.

Première série d'expériences pour d'autres recherches analogues. — A cet effet, j'ai profité d'une installation que nous avions faite au Conservatoire des arts et métiers, et pour laquelle un tuyau de tôle de $0^m,24$ de diamètre et de $12^m,00$ de hauteur a été placé dans la tour de la galerie d'observation, à l'abri de tous les vents et du soleil. Il se trouvait ainsi dans une situation où ces influences extérieures avaient le moins d'action possible.

Dans le bas de ce tuyau pénétrait un bec de gaz destiné à y produire un courant d'air par l'élévation de la température qu'il occasionnait et dont la dépense était chaque fois déterminée par un compteur.

Le sommet du tuyau a été d'abord laissé tout à fait libre et ensuite surmonté d'un ajutage conique dont les arêtes faisaient avec l'axe un angle de 3 degrés, et qui avait en premier lieu $1^m,00$ de hauteur, présentant alors un orifice de $0^m,10$ de diamètre. — Puis l'on a successivement raccourci ce tuyau, de manière que l'orifice a eu les diamètres de $0^m,10$, $0^m,14$, $0^m,18$, et $0^m,22$.

Par suite de ces dispositions, l'on a pu déterminer le volume d'air écoulé par un tuyau vertical de $0^m,24$ de diamètre, et dont l'orifice supérieur a eu successivement les diamètres de :

$0^m,24$, $0^m,22$, $0^m,18$, $0^m,14$ et $0^m,10$,

présentant des sections d'écoulement dont les surfaces étaient

$0^{mq},04524$	$0^{mq},03800$	$0^{mq},02545$	$0^{mq},01538$	$0^{mq},00785$

qui se trouvaient par conséquent dans les rapports des nombres

1	0,84	0,56	0,33	0,17

variant par conséquent dans le rapport de 5 à 1 à peu près.

L'on a tenu note dans chaque expérience des températures ambiantes, en haut et en bas, et de celle de l'air dans le tube, de la quantité de gaz brûlé, et l'on a déterminé la vitesse d'écoulement au bas par l'orifice désigné par la lettre B, et au sommet du tuyau dont l'orifice désigné par la lettre A a eu successivement les sections indiquées plus haut.

L'on employait à cet effet deux anémomètres, dont la tare était pour le

n° 5 $V = 0^m,36 + 0^m,086\ N$,
n° 22 $V = 0^m,1392 + 0^m,08852\ N$.

Les résultats des observations sont consignés dans le tableau suivant :

Expériences faites au Conservatoire des arts et métiers, le 8 février 1860, sur le rétrécissement du débouché des cheminées.

Numéros des expériences.	Diamètre de l'orifice supérieur.	Durée des expériences.	Nombre de becs allumés.	Consommation de gaz par heure.	TEMPÉRATURES			NOMBRE de tours de l'anémomètre.		VITESSES de l'air		VOLUMES d'air écoulés	
					dans les tuyaux.	AMBIANTE en haut	AMBIANTE en bas.	en A n. 5 en haut.	en B n. 22 en bas.	en A en haut.	en B en bas.	en A en haut.	en B en bas.
	m. c.				°	°	°			m.	m.	lit.	lit.
1	0,24	1'	4	319	13	5,75	5,75	1246	1385	2,146	2,18	96	99
2		1'	4					1235	1124	2,130	2,24	97	101
3	0,22	1	4	387	21	8,5	6,0	1390	1390	2,75	2,19	89	99
4		1	4					1420	1325	2,395	2,09	91	94
5	0,18	1'	4	379	21,5	8,5	6,0	1710	1184	2,81	1,88	72	85
6								1700	1160	2.80	1,85	71	84
7	0,14	1'	4	387	25	8,5	6,0	1912	736	3,10	1,22	48	55
8								1980	754	3,20	1,25	49	565
9	0,10	1	4	387	30	8,5	6,0	2702	642	4,23	1,09	33	49
10								2790	740	4,36	1,25	44	55

18. *Conséquences des expériences précédentes.*

Je ne veux pas discuter les résultats de ces expériences sous le rapport de toutes les conséquences que l'on peut en tirer, parce qu'elles font partie d'un ensemble de recherches que nous avons entreprises, M. Tresca et moi, et que nous publierons, je l'espère, assez prochainement. Je me bornerai à ce qui se rapporte directement à la question dont je m'occupe dans cette note.

La simple inspection du tableau précédent montre combien l'influence du rétrécissement du débouché d'une cheminée ou d'un tuyau d'évacuation de l'air est considérable.

L'on voit, en effet, que si la vitesse augmente dans une proportion notable et rapide, à mesure que la section de l'orifice diminue, le volume d'air écoulé devient au contraire de plus en plus petit.

Le rétrécissement du débouché d'une cheminée a donc pour effet d'augmenter la vitesse d'écoulement par le débouché et peut présenter l'avantage de donner plus de stabilité à l'écoulement, de le rendre moins exposé à des perturbations par l'action des vents extérieurs; mais en même temps il diminue le débit dans une proportion qui, pour le cas de nos expériences, paraîtrait se rapprocher beaucoup de celle des diamètres ou des racines carrées des sections.

Deuxième série d'expériences sur l'influence de la forme des extrémités des tuyaux. — La forme des parties qui terminent une cheminée ou un tuyau destiné à l'écoulement de l'air a souvent une influence plus grande encore sur les volumes de fluide qui en traversent l'orifice final. L'on vient de voir, en effet, par la série d'expériences précédentes, que quand le tuyau est terminé par un ajutage conique dont les arêtes ont une inclinaison de 3° sur l'axe, la réduction des volumes d'air écoulés suit à peu près le rapport des racines carrées des sections ou celui des diamètres des orifices s'ils sont circulaires.

Mais lorsque l'inclinaison des arêtes du cône augmente et atteint seulement 45°, les résultats sont différents et l'influence de rétrécissement du passage devient bien plus sensible : c'est ce que montrent clairement les expériences suivantes exécutées, le 8 mars 1861, au Conservatoire des arts et métiers dans le but de reconnaître à peu près jusqu'à quel point l'on pouvait restreindre les cheminées des lustres de spectacle sans nuire à la combustion des becs de gaz.

A cet effet, l'on avait fait établir au-dessus d'un lustre de 34 becs un chapiteau tronconique en tôle, surmonté d'une cheminée de $0^m,21$ de diamètre et de $5^m,00$ de hauteur.

Cette cheminée, d'abord entièrement libre à son débouché supérieur, a reçu successivement des ajutages tronconiques du diamètre de

$0^m,200$	$0^m,180$	$0^m,158$	$0^m,138$	$0^m,115$	$0^m,095$	$0^m,082$

de sorte que les orifices d'évacuation ont présenté les aires de passage suivantes :

$0^{mq},03462$ | $0^{mq},03142$ | $0^{mq},02545$ | $0^{mq},01960$ | $0^{mq},01495$ | $0^{mq},01040$ | $0^{mq},00710$ | $0^{mq},00525$

et ont ainsi varié dans le rapport de 6,56 à 1,00.

Expériences sur l'influence du rétrécissement de la cheminée des lustres faites au Conservatoire des arts et métiers le 8 mars 1861.

DURÉE des expériences.	DIAMÈTRE de l'orifice.	SURFACE de la section d'écoulement.	NOMBRE DE TOURS. Total de l'anémomètre.	NOMBRE DE TOURS de l'anémomètre en 1".	VITESSE correspondante de l'air en 1".	VOLUME D'AIR écoulé		TEMPÉRATURE de l'air évacué.	VOLUME D'AIR évacué en une ", ramené à 10°.
						en 1".	moyen.		
	m.	mq.			m.	lit.	lit.	°	lit.
1	0.21	0.03462	4300	71.67	4.117	142.5	141.1	78	113,58
1			4200	70.00	4.031	139.7			
1	0.20	0.03142	4400	73.33	4.200	132.0	132.0	82	105 20
1			4400	73.33	4.200	132,0			
1	0.180	0,02545	4400	73.33	4.200	106.9	107.9	88	84.49
1			4500	75.00	4.280	108.9			
1	0.158	0,01960	5000	83.33	4690	91.9	91.9	100	70,28
1			5000	83.33	4.690	91.9			
1	0.132	0.01495	5300	88.33	4.934	73.8	73.5	105	55.57
1			5250	87.50	4.894	73.2			
1	0.115	0.01040	5700	95.00	5.262	54.7	54.7	120	38.94
1			5700	95.00	5 262	54.7			
1	0.095	0.00710	6700	111.67	6.080	43.1	42.25	128	29.80
1			6700	106.67	5.834	41.4			
1	0.082	0.00528	6600	110.00	6.000	31.7	31.45	132	21.95
1			6500	108.33	5.900	31.2			

Ces expériences ont duré depuis 11 h 15' jusqu'à 4 h. 30'. — La consommation de gaz a été régulière de 2m.281 par heure. — Le nombre de becs allumés étant de 34, cette consommation revient à lit. 67.2 par bec et par heure.

Conséquences de ces expériences. — Sans vouloir, quant à présent, discuter les résultats de ces expériences au point de vue des conséquences que l'art de la ventilation peut en tirer, nous nous contenterons de faire remarquer l'énorme influence que le rétrécissement des orifices d'évacuation d'un tuyau exerce sur le volume de gaz dont l'appel et l'écoulement sont déterminés par un développement de chaleur à très-peu près constant.

Ainsi, alors que la surface de l'orifice d'écoulement a varié dans le rapport de $0^{mq},03462$ à $0^{mq},00528$ ou de 6,56 à 1,00, les volumes d'air écoulés par seconde et réduits à la température de 10° ont varié dans celui de $141^{lit},1$ à $31^{lit},45$ ou de 5,17 à 1,00.

Si l'on représente par une construction graphique les résultats de ces expériences, en prenant les aires des sections de passage au sommet du tuyau pour abscisses et les volumes d'air écoulés réduits à ce qu'ils auraient été à 10°, ce qui était, lors des expériences, la température de la galerie d'expérimentation du conservatoire,-l'on voit que les volumes d'air écoulés paraissent varier à peu près en raison directe des sections de passage. Cette conséquence n'est toutefois qu'approximativement vraie et dépend d'ailleurs évidemment de la forme de l'ajutage.

Comparaison des résultats des deux séries d'expériences précédentes. — La série d'expériences faites avec un tuyau ou ajutage conique dont l'arête était inclinée sur l'axe du tuyau à 2° environ, nous a montré que les volumes d'air écoulés variaient alors à peu près dans le rapport des diamètres ou des racines carrées des surfaces des orifices; la seconde, où les arêtes de cône formant ajutage étaient inclinées à 45° sur l'axe, semble indiquer que la réduction de dépense serait plus grande et que les volumes dépensés varieraient à peu près comme les aires des sections de passage, ainsi que je l'avais admis dans un rapport relatif aux appareils de chauffage et de ventilation du palais de justice. Mais les différences indiquées par ces deux séries dans la réduction du volume d'air selon la forme de l'ajutage employé, montrent qu'il convient de faire des expériences spéciales pour chacune des formes dont on se sert.

19. *Observations relatives aux poêles de l'hôpital Lariboisière.*

Les expériences précédentes mettent bien, en effet, en évidence l'influence très-notable que le rétrécissement des débouchés laissés à l'air peut exercer sur le volume d'air qui les traverse, et la nécessité de n'employer dans les expériences qui ont pour but de mesurer ces volumes d'air que des appareils qui n'altèrent pas les superficies, ni le mode d'action de ces débouchés. Mais elles ne fournissent pas une règle assez positive pour qu'on puisse l'appliquer avec sûreté pour comparer les unes aux autres des séries d'expériences faites dans des conditions différentes sous ce rapport.

En discutant les résultats d'observations faites par deux expérimentateurs qui ont opéré avec soin sur les poêles chauffés par circulation d'eau de l'hôpital Lariboisière, j'ai reconnu qu'ils avaient employé, pour déterminer les volumes d'air écoulés par ces poêles, un tuyau conico-cylindrique dont le débouché n'offrait qu'une superficie égale à $\frac{1}{2,68}$ de la somme des aires de passage à travers la grille qui recouvre ces poêles. D'après ces observations, et en tenant compte de la dilatation de l'air échauffé, j'ai cru pouvoir rectifier les résultats obtenus par ces observateurs sur ces poêles en les multipliant par 2,46.

Cette rectification est notablement trop forte, ainsi que me l'ont fait connaître des expériences que j'ai pu faire depuis et dont je vais rapporter les résultats.

20. *Expériences comparatives faites avec deux tuyaux de sections différentes.*

Pour constater l'influence des sections des tuyaux employés pour déterminer les volumes d'air formés par les poêles des pavillons de l'hôpital Lariboisière, chauffés et ventilés par circulation d'eau, j'ai fait faire deux tuyaux en zinc, de même hauteur et de même diamètre à la partie inférieure, qui était conique et reposait sur le dessus du poêle, de manière à en envelopper la grille, mais dont la partie cylindrique de $0^m,60$ de hauteur avait pour l'un $0^m,297$ de diamètre intérieur, ou $0^{mq},0691$ de surface, à peu près comme celui dont s'est servi M. Grassi et dont la section était de $0^{mq},0613$. — L'autre tuyau avait à sa partie cylindrique un diamètre moyen de $0^m,453$ et une section de $0^{mq},1641$ à très-peu près égale à la somme des sections de passage de l'air à travers la grille de ces poêles et qui est de $0^{mq},1642$. Ces deux tuyaux représentés dans la figure ci-contre sont désignés, le petit par la lettre A, le grand par la lettre B.

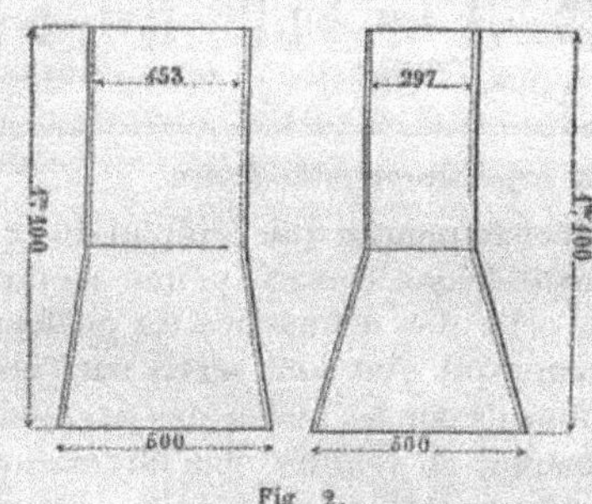

Fig 2.

Les expériences comparatives ont été faites les 3 décembre 1860 et 11 janvier 1861 sur le poêle n° 3 du rez-de-chaussée du pavillon n° 3; et les résultats sont consignés dans le tableau suivant.

Expériences comparatives faites les 3 *décembres* 1860, 11 *janvier et* 16 *février* 1861 *avec les tuyaux* A (section 0^{mq}, 0613) et B (section 0^{mq}, 1611).

DÉSIGNATION du tuyau employé.	NOMBRE de tours de l'anémo-mètre en 1''.	VITESSE de l'air en 1''.	VOLUME d'air écoulé en 1 heure.	RAPPORT des volumes d'air débités par les tuyaux B et A.	TEMPÉRATURES		
					exté-rieure.	dans la salle.	dans le poêle.
Expériences du 3 décembre 1860.							
		m.	lit.		°	°	°
Grand tuyau B	6,55	0,72	417,60	1,57	10,5	19	30
Petit tuyau A	10,61	1,08	266,00		10,5	19	30
Expériences du 11 janvier 1861.							
Grand tuyau B	11,38	1,14	661 moy.	1,40	— 5	15	32
	9,76	1,00	580 620,5		— 5	15	30
Petit tuyau A	17,83	1,72	428 441,5		— 5	15	36
	13,13	1,83	455		— 5	15	30
Expériences du 16 février 1861.							
Grand tuyau B	6,37	0,70	406	1,24	+ 11	17	»
Petit tuyau A	13,43	1,33	331		+ 11	17	»
Moyenne.				1,40			

21. *Conséquences des expériences précédentes.*

L'examen du tableau qui précède montre que l'emploi du petit tuyau A, dont la partie cylindrique n'avait qu'une section égale à 0^{mq},0613, inférieure à celle des debouchés du poêle, a induit en erreur les observateurs qui s'en sont servis sur l'appréciation des volumes d'air fournis par les poêles des pavillons de l'hôpital Lariboisière, chauffés et ventilés par circulation d'eau chaude, et que tous les volumes qu'ils ont déduits de leurs observations doivent être multipliés par le rapport moyen 1,40, qui, d'après les expériences que l'on vient de rapporter, exprime le rapport des volumes observés sur le même poêle avec le gros tuyau B, dont la section de 0^{mq},1611 est à peu près égale à celle des débouchés du poêle, qui est de 0^{mq},1642, et avec le tuyau A, de section égale à 0^{mq},0613.

L'erreur à laquelle les observateurs ont été conduits est donc moindre que je ne l'avais pensé d'abord, mais elle est encore assez importante, et en la rectifiant, l'on trouverait que le volume moyen qui était fourni par les poêles de ces pavillons, au lieu de ne s'élever qu'à $35^{mc},00$ [1] par heure et par lit, comme l'a trouvé M. Grassi, aurait été, dans ses expériences de nuit du mois de décembre 1851, égal à

$$35 \times 1,40 = 49^{mc},00.$$

Si l'on ajoute à ces observations que, pour les expériences publiées jusqu'à ce jour, l'on a opéré sur ces poêles en y laissant les couvercles et les chicanes qui diminuent (n° 12) le volume d'air qui peut y passer d'environ 0,15 et parfois plus, l'on verra que les résultats obtenus dans les expériences antérieures à celles qui sont rapportées au n° 3 se rapprochent beaucoup de ceux que nous avons observés, en laissant toute liberté à la circulation de l'air à travers ces poêles.

Je n'ai insisté sur ces expériences comparatives que parce qu'elles montrent toute l'importance des bonnes proportions des dispositifs d'observation, et combien il est dangereux de modifier les sections de passage de l'air quand on veut faire des observations exactes. Elles m'ont d'ailleurs conduit à rectifier une erreur d'appréciation que j'avais commise moi-même, ce que j'ai cru devoir m'empresser de faire.

Expériences faites par le colonel du génie Livet. — Cet officier supérieur très-distingué, qui a succombé récemment aux fatigues de l'expédition de Chine, a fait, en 1856, au ministère de la guerre, un rapport dans lequel se trouvent consignés de nombreux résultats d'expériences. Il a entre autres observé les volumes d'air fournis par les poêles, et les volumes écoulés par les cheminées d'évacuation du pavillon n° 3, chauffé et ventilé par les appareils du système de M. L. Duvoir-Leblanc. Les résultats de ses expériences, faites le 1er septembre et le 7 octobre 1856, sont résumés ainsi qu'il suit dans ce rapport, page 69 :

[1] *Annales d'hygiène*, t. V, n° 6, page 207.

VENTILATION. — Système Léon Duvoir. — PAVILLON N° 3.

SALLE SAINTE-JEANNE.	SALLE SAINTE-JOSÉPHINE.	SALLE SAINTE-CLAIRE.	MOYENNES.
Volume d'air entrant par les poêles par heure et par malade.			
1er septembre. 59,90 mc.	7 octobre. 42,10 mc.	7 octobre. 47,60 mc.	49,86 mc.
Volume d'air sortant des salles par heure et par malade.			
1er septembre. 94,87 mc.	7 octobre. 64,85 mc.	7 octobre. 82,75 mc.	80,82 mc.

Le volume d'air sortant par la cheminée d'appel a été trouvé, par heure et par malade, égal à 90mc,92.

Dans ces expériences, le couvercle et les chicanes étant restés en place, et leur action diminuant notablement le volume d'air qui peut passer par les poêles, ainsi qu'on vient de le voir d'après les expériences spéciales précédentes, les résultats observés par M. le colonel Livet aux mois de septembre et d'octobre, alors que le chauffage des poêles devait être peu ou point activé, s'éloignent, comme on le voit, fort peu de ceux que nous avons obtenus en janvier 1861.

22. *Conclusion des expériences sur les appareils de chauffage par circulation d'eau chaude et de ventilation par appel de l'hôpital Lariboisière.*

Il résulte de l'ensemble des expériences que nous avons rapportées dans cette note :

1° Que le volume d'air nouveau qui est fourni par les poêles peut s'élever en moyenne à 60 mètres par heure et par lit.

2° Que les températures et les volumes d'air peuvent être facilement réglés avec une uniformité suffisante à tous les étages.

3° Que les volumes d'air introduits par tous les poêles d'une même salle ne sont pas exactement les mêmes, ce qui devrait être évité autant que possible.

4° Que le volume d'air vicié évacué par la cheminée générale d'appel a varié de 120 à 100 et à 90 mètres cubes par heure et par lit, selon les températures.

5° Que la disposition de la cheminée et l'action des récipients d'eau chaude qu'elle contient donnent à la ventilation une stabilité convenable, mais qu'il serait encore utile d'augmenter.

6° Qu'il serait facile d'assurer pour la saison d'été une plus grande introduction d'air nouveau dans les salles, afin d'augmenter le renouvellement de l'air pendant la nuit.

Lorsque la saison des chaleurs sera venue, je me propose de répéter ces expériences, afin de reconnaître si les proportions données aux appareils sont suffisantes pour assurer un renouvellement assez abondant de l'air des salles, surtout pendant la nuit.

Il y a d'ailleurs lieu de remarquer que la disposition générale des salles dans chaque pavillon n'est pas la plus favorable à un bon service de ventilation, et que celle des récipients supérieurs d'eau chaude pourrait aussi être plus heureuse. Il est arrivé dans cet hôpital ce qui se produit malheureusement presque toujours en pareil cas, que l'on ne s'est occupé du chauffage et de la ventilation que quand les bâtiments étaient à peu près terminés, et que les constructeurs des deux systèmes que nous avons examinés dans cette note ont été obligés de plier les installations de leurs appareils aux travaux existants.

23. *Conclusion générale des expériences comparatives sur les systèmes de ventilation.*

De l'ensemble des expériences comparatives qui ont été rapportées en détail dans cette étude il ressort comme conséquence évidente que l'action seule de la chaleur convenablement employée suffit pour produire une ventilation énergique, stable et régulière, et que l'emploi de ventilateurs insuffisants est inutile quand les circonstances locales permettent d'utiliser l'action de la chaleur.

Paris. — Typ. P.-A. Bourdier et Cie, rue Mazarine, 30.

www.ingramcontent.com/pod-product-compliance
Ingram Content Group UK Ltd.
Pitfield, Milton Keynes, MK11 3LW, UK
UKHW021624260726
13994UKWH00003B/1065

9 782329 252391